Stille Winkel in Münster und im Münsterland

Stille Winkel in

Münster und im Münsterland

Rudolf Großkopff

Ellert & Richter Verlag

Inhalt

7 Einleitung
Ein Land fürs Auge

Stille Winkel in Münster

13 Madonna an der Aa
Wo in Münster alles begann
16 Promenade
Der Kreis als Winkel
24 Zwinger an der Promenade
Das Tok-tok-tok der Stille
29 Foyerhof des Theaters
Donnerschlag der Fünfziger
34 Prinzipalmarkt und St. Lamberti
Nächtliche Schönheit, aber mit Irrlichtern
40 Friedenssaal im Rathaus
Ort der Sehnsucht
48 Domherrenfriedhof
Im Auge der pulsierenden Großstadt
53 Diözesanbibliothek
Geometrie, auf die Spitze getrieben
56 Euthymia-Kapellen und Clemenskirche
Stätten der Volksfrömmigkeit
61 Museum für Lackkunst
Freuden der Perfektion
65 Kabakov-Installation am Aasee
Unter der Kunst liegen
70 Tuckesburg
Das Haus eines Provokateurs
75 St. Mauritz
Briefe an Gott

Stille Winkel im Münsterland

78   Haus Rüschhaus
     Annette von Droste-Hülshoff und ihr Schneckenhäuschen
85   Sinnespark Haus Kannen
     Tönende Steine, murmelnder Bach
88   Boniburg in Handorf
     Eine ökologische Nische
94   Zwischen Münster und Telgte
     Böttchers Kunst- und Heidegarten: Paradies eines Amateurs
98   Telgte
     König Melchior, Kardinal von Galen und Paul, der Schwimmreifenmann
103 Vischering in Lüdinghausen
     Die Burg der Burgen
108 Nottuln und der Baumeister Johann Conrad Schlaun
     Ein Ehekrach und seine Folgen
114 Das Steinfurter Bagno
     Zwei kunstsinnige Grafen und ihr Vermächtnis
119 Heimaten
120 Verwendete Literatur
122 Adressen und Tipps
125 Dank
126 Karte
128 Impressum

Für

Jan und Anne

Benjamin und Fabian

Daniel und Kai

Einleitung
Ein Land fürs Auge

Der Münsterländer steht nicht im Ruf, besonders verbindlich oder gar überschwänglich zu sein. Im Gegenteil, er gilt, bei gleichzeitig oft hoher Sensibilität, eher als knorrig, zuweilen auch knurrig. Betroffene sprechen gern von Klischees, wenn sie so etwas lesen oder hören, aber in fast jedem Klischee steckt bekanntlich ein wahrer Kern. Und wer zum Beispiel mit andersstämmigen Ehepartnern von Menschen aus dieser Region spricht, der könnte sich an die Sage vom Entstehen des ersten Münsterländers erinnert fühlen. Sie geht so:

Auf seinen Wanderungen kam Jesus eines Tages auch in das Tiefland südwestlich des Teutoburger Waldes, später Münsterländische Bucht genannt. Die Gegend war noch nicht besiedelt, nur Schweine, die sich von Eicheln ernährten, lebten der Sage nach hier. Ein Jünger, der Jesus begleitete, drängte diesen, er möge dem Land Menschen verschaffen. Der wollte nicht so recht, aber dann stieß er mit dem Fuß an einen Eichklotz und sagte: „Eichklotz, werde ein Mensch." Schon stand da ein Mann, aber anstatt sich zu freuen und seinem Schöpfer zu danken, murrte der nur: „Was stößest du mich."

Bei aller Skepsis gegenüber Stammes- und Völkerpsychologie: Die Geschichte hat ihren Reiz. Der Westfälische Heimatbund veröffentlichte kurz nach dem Zweiten Weltkrieg eine Broschüre, in der er Charakterzüge des Münsterländers so beschrieb: Zähigkeit, Beharrlichkeit, Ruhe, Bedächtigkeit, Treue zur Religion und zum Brauchtum, Gradheit, besinnlicher Ernst, Verantwortungsbewusstsein. Aber auf der anderen Seite: Starrköpfigkeit, eigensinniges Festhalten an vermeintlichen Rechten, wortkarg bis zur Unhöflichkeit, schwerfällig, grüblerisch.

Seither hat sich einiges weiter abgeschliffen, vor allem durch Zuwanderung. Aber auch heute noch erkennt man zuweilen das wieder, was die bedeutendste Tochter des Landes, Annette von Droste-Hülshoff, über den Typ ihrer Landsleute gesagt hat: „Man braucht ihn nur anzusehen, um das langsame Rollen seines Blutes gleichsam mitzufühlen." Das adelige Fräulein hat übrigens sich selbst so definiert: „Ich bin ein Westfale, und zwar ein Stockwestfale, nämlich ein Münsterländer ..."

Dahingestellt sei, ob das Land eher die Menschen prägt oder ob es umgekehrt ist. Auf jeden Fall gibt es Korrespondenzen. Das Münsterland sei „bar aller Gewagtheiten", hat Hermann Löns geschrieben. In der Tat schmeißt es sich nicht durch Sensationen heran, sondern lädt mehr zum stillen Genießen ein. Eine fruchtbare Ebene mit einigen Erhebungen, die zwar zum Beispiel „Beckumer Berge" oder „Baumberge" heißen, aber letztlich nicht mehr als Hügel sind. Über weite Strecken ist das Kernmünsterland so eben wie etwa Brandenburg – und doch ganz anders, nämlich eine Parklandschaft, die dem Auge viel Abwechslung bietet.

Wer einmal Deutschland aus dem Hubschrauber oder dem Ballon erlebt hat, der hat wahrscheinlich bemerkt, wie aufgeräumt dieses Land ist. Dieser Eindruck steigert sich noch beim Blick hinunter auf das Münsterland. Es ist kleinteilig-proper und unfassbar grün.

Natürlich ist dies keine Idylle mehr, kein Garten Eden. Es gibt sie auch hier, die ins Bauernland ausgreifenden Ausfallstraßen mit ihren immer gleichen Baumärkten, Imbissbuden und Tankstellen. Die Stromtrassen und Windräder. Die zum Rasen einladenden Asphaltbänder, die an die Stelle der kurvigen Apfelbaum-Landstraßen getreten sind, wie wir sie noch in der Jugend erlebt haben. Und auch wenn einiges an Rückbau inzwischen geschehen ist, ziehen sich immer noch Bäche und Flüsse durchs Land, die Flurbereiniger mit der Schnur reguliert und ums Leben gebracht haben.

Aber dann führt der Weg des Fußgängers, des Radlers und vielleicht sogar des Autofahrers um eine Biege, und er erlebt das Kontrastprogramm. Unter hohen Eichen ein behäbiger Bauernhof, womöglich mit Fachwerk und rotgeklinkert. Ein breiter Graben, Gräfte genannt, umgibt ihn, darauf Wasserlilien und ein Entenpaar. An der Brücke, die auf den Hof führt, steht ein Bildstock mit einer Marienfigur und frischen Blumen. Vor der Scheune ein großer Trecker mit aufgebocktem Pflug, wie zur Demonstration, dass wir hier nicht im Museum sind. Auf der Weide hinter dem Hof grasen kräftige Pferde und schwarz- oder rotbuntes Rindvieh.

Eine Wallhecke trennt die Weide von einem Kornfeld. Hinter dem Ensemble ein kleines Waldstück, bei dem die Aussicht endet. Wenn darüber noch ein kräftigblauer Himmel mit Schäfchenwölkchen steht, dann findet der Passant hoffentlich auch eine Bank, auf der er ein wenig ruhen und schauen kann. Falls er allerdings einen Zugang zu dem Anwesen sucht, dann findet er mit großer Wahrscheinlichkeit das Schild „Privat".

Solche Winkel stehen in keinem Führer; auf sie zu treffen ist Sache des Zufalls, eines guten Tipps oder genauer Ortskenntnis. Aber wer solche Plätze kennt, der weiß, was die Leute meinen, die das Münsterland eine typische Parklandschaft nennen. Und wer aus zersiedelten Ballungsgebieten kommt, könnte meinen, dass die Zeit der heilen Welten doch noch nicht vorüber ist.

Siedlungsgeschichtlich ist dieser Landschaftstyp das Ergebnis der Angewohnheit, Einzelhöfe außerhalb der Ortschaften zu gründen, sie im Laufe von Jahrhunderten wachsen zu lassen und dabei so wenig wie möglich zu verändern. Kommen hinzu die fruchtbaren Böden und reichlich Nässe von oben und unten. Das Festhalten am Hergebrachten und die Kleinteiligkeit prägen die Landschaft, aber auch die Dörfer und Landstädte und schließlich auch die Stadt, die das natürliche Zentrum der Region ist.

Münster ist eine kleine Großstadt und manchmal eine große Kleinstadt. Auch hier sind sozusagen die Rahmenbedingungen für stille Winkel ausnehmend gut. Bis zum Zweiten Weltkrieg galt es als besonders reich an architektonischem Erbe. Aber 102 Luftangriffe legten vor allem die Altstadt in Trümmer. Als die Amerikaner und Engländer im April 1945 einzogen, sollen im Zentrum noch 19 Menschen gewohnt haben. Ein amerikanischer Offizier durchstreifte in den ersten Tagen nach der Eroberung die Ruinen und gab seiner Leitstelle per Sprechfunkgerät durch: „It looks like Pompeji."

Es hat wohl Pläne gegeben, diesen Schutthaufen seinem Schicksal zu überlassen und ein neues Zentrum weiter draußen zu gründen. Aber die Münsteraner, vorweg die Kaufleute, scherten sich nicht um solche Überlegungen, sondern begannen einfach, die Trümmer zu räumen, sich in Behelfsbauten einzurichten und bald auch neu zu bauen. Dabei machten sie und die Verwaltung einige Fehler weniger als andere Städte.

Sie hielten sich vor allem im Zentrum an die alten Straßenfluchten und Traufhöhen. Von vielen verspottet, restaurierten sie größere Teile des alten Stadtbildes. Ähnlich wie im Umland bieten sich dadurch immer wieder überraschende Perspektiven und Blickwinkel. Viele Besucher und selbst manche jüngere Einheimische sind erstaunt, wenn sie erfahren, dass das, was sie da sehen, aus der Zeit nach 1945 stammt.

Das beste Beispiel dafür ist das weltbekannte gotische Rathaus, das eine so bedeutende – wenn auch eher symbolische – Rolle beim „Westfälischen Frieden" von 1648 gespielt hat: zerborsten und ausgebrannt bis auf die Grundmauern, wiederaufgebaut vor allem mit Mitteln, die dank Lotterien zusammenkamen, heute mit dem stolzen Schaugiebel, dem Laubengang und dem „Friedenssaal" so anmutend, als habe es immer in dieser Weise dort gestanden.

Aus einem besonderen Blickwinkel präsentiert sich das Haus für den, der vom Dom kommend über den Michaelisplatz darauf zugeht. Dass es auf dem langen Prinzipalmarkt gerade hier steht, kommt nicht von ungefähr. Der Michaelisplatz war früher der wichtigste Zugang des als Immunität ausgewiesenen Dombereichs. Kirche und Bürgerschaft haben oft an einem Strick gezogen, oft aber auch nicht. In dem latenten und immer wieder aufbrechenden Konflikt um die Macht in der Stadt war das Rathaus an dieser Stelle auch eine Demonstration des Bürgerstolzes gegenüber der sancta ecclesia.

Heute hat die Kirche selbst in dieser früheren Hochburg des katholischen Glaubens Schwierigkeiten, die Schäfchen beisammenzuhalten. Die Distanz wächst und die Gotteshäuser leeren sich. Aber das ändert nichts daran, dass die Kirche die Geschichte, die Kultur und die Mentalität der Region in einem ungewöhnlichen Maße bestimmt hat, was sich bis heute auswirkt. Im Mittelalter nannten manche Münster sogar das „Rom des Nordens", und Günter Grass hat einmal mit leichtem Spott geschrieben, diese Gegend sei „katholischer, als es der Papst je im Sinn gehabt hätte". Das Land, die Stadt und ihre stillen Winkel sind also nicht zu verstehen ohne die religiösen und historischen Hintergründe.

Das gilt auch für jenen ersten Münsterländer, den Jesus beim Gang durch das menschenleere Land aus einem Holzklotz geschaffen hat. Nie hat irgendjemand behauptet, der Mann sei etwas anderes als katholisch gewesen. Übrigens bekam er natürlicherweise bald auch eine Gesellin, und die war und ist nicht so knorrig wie er.

Madonna an der Aa
Wo in Münster alles begann

Wenn ich gelegentlich Freunde oder Verwandte durch Münster führe, dann beginne ich an einem unauffälligen und von vielen übersehenen Winkel. Wir spazieren von den Türmen des Doms zwischen dem bischöflichen Palais und dem Generalvikariat eine kleine abschüssige und autofreie Straße namens Spiegelturm hinunter. Sie führt über eine Brücke, die einen schmalen Fluss, die Aa, überquert.

Vor der Brücke geht links ein Uferweg ab, der zum bischöflichen Garten gehört und heute tagsüber geöffnet ist. Die Kirche hat sich damit erst nach längerem Sträuben einverstanden erklärt und einen durchgehenden Uferweg an der quer durch die Stadt fließenden Aa ermöglicht. Früher haben wir gelästert, der Bischof habe sich nur geweigert, weil er nicht gestört werden wollte, wenn er sich in seiner lila Badehose sonnte.

Nach der kleinen Brücke zweigt nach rechts ein anderes Stück Uferweg ab. Schon nach einigen Metern fällt der Blick jenseits des Flussbettes auf eine Madonnenstatue. Sie steht inmitten von Sträuchern und ist abends beleuchtet. Vor allem dann entfaltet Maria eine fast tänzerische Anmut.

Die Statue gehört zu den Arbeiten des Barockbildhauers Johann Mauritz Gröninger, sie stammt aus dem Beginn des 18. Jahrhunderts. Die Münsteraner sollen sie ein halbes Jahrhundert später als eine Art Votivgabe hier, an dieser historisch und geografisch wichtigen Stelle, postiert haben: Im Siebenjährigen Krieg (1756–1763) war die Stadt wieder einmal Ziel einer größeren Beschießung geworden. Die Einwohner wandten sich an Maria; daraufhin, so die Legende, drehte sich der Wind, und die Stadt blieb von der drohenden Feuersbrunst verschont.

Ende des vorigen Jahrhunderts sollte die Figur restauriert werden. Dabei gingen die Verantwortlichen auf eine sehr eigenwillige Weise mit ihr um: Sie drehten den Kopf so, dass Maria nun aufs Wasser schaut. Allerdings ist das Bett der Aa heutzutage völlig einbetoniert und oft nur ein Rinnsal. Das ändert aber nichts daran, dass die Skulptur an einer geschichtlich sinnfälligen Stelle steht.

Im sehr frühen Mittelalter führte hier eine wichtige Furt durch die damals natürlich noch ungebändigte Aa. Darum trafen sich an diesem Ort Handelsstraßen von überregionaler Bedeutung. Das wiederum war der Grund dafür, dass der von Kaiser Karl dem Großen entsandte Missionar Liudger sich kurz vor 800 auf einem Hügel über der Aa niederließ. Der spätere Bischof baute Kirchen und Häuser für seine Begleiter, die zusammen das Monasterium bildeten. Daraus wurde dann Münster. Systematisch bekehrten Liudger und die Seinen von hier aus die Region. Die enge Verzahnung von Stadt und Münsterland besteht also schon seit mehr als 1200 Jahren.

Noch Jahrhunderte konnte die heute so harmlos wirkende Aa zu einem wilden Fluss anschwellen. Zudem diente sie, unabhängig von den jeweiligen Wasserständen, lange als eine grässlich stinkende Kloake für die Abfälle der Anwohner. Das alles änderten eine neuzeitliche Abwässerkanalisierung, der nach 1930 abgeschlossene Bau des als Staubecken dienenden Aasees und die Betoneinfassung des Bettes – samt deren ästhetischen Nachteilen. Für die entschädigen die Grazie der Madonna und die Mühe, die sich die städtischen Gärtner mit dem Ort machen. Wenn die am Wasser stehenden Bänke nicht von Pärchen besetzt sind, lasse ich mich gern hier nieder und komme ins Grübeln. Zum Beispiel darüber, wie bescheiden historisch wichtige Anfänge im Nachhinein oft wirken.

Promenade
Der Kreis als Winkel

Der Kreis als stiller Winkel? In Münster geht das. Jedes Mal, wenn ich dort bin, versuche ich, Zeit für einen Spaziergang um die Altstadt einzubauen. Und wenn jemand ankündigt, dass er Münster besuchen wolle, empfehle ich, diesen Rundkurs nicht zu versäumen.

Für die viereinhalb Kilometer benötige ich eine knappe Stunde. Wer sie zum ersten Mal in Angriff nimmt, sollte mehr einplanen. Und selbst wer sich für die kleinen und großen Sehenswürdigkeiten weniger interessiert, wird den Hauch von Arkadien, der über der Anlage liegt, genießen können.

Nur wo an den alten Stadttoren die Ausfallstraßen den Ring durchschneiden, sind kurz die Lärmschneisen des Autoverkehrs zu überqueren. Sofort danach herrscht wieder die Ruhe eines sich hinziehenden, mit Hingabe gehegten Grünzuges.

Wie viele Städte mit mittelalterlichem Ursprung hat Münster seine Befestigungsanlagen im 18. Jahrhundert geschleift, als sie angesichts der kriegstechnischen Fortschritte keinen Sinn mehr machten. Aber oft wurden die Wassergräben einfach mit den Erdmassen der Wälle aufgefüllt und die Mauern bis auf einige malerische Reste niedergerissen. So entstand Raum für Architektur und Straßen. Dass es in Münster anders gelaufen ist, hat die Stadt besonders einem Mann zu verdanken.

Als Generalvikar und vor allem als Minister (1762–1780) regierte Franz Friedrich Wilhelm Freiherr von Fürstenberg (1729–1810) über viele Jahre für seinen Fürstbischof das Bistum Münster. Er gehörte zu jener kleinen Gruppe von katholischen Geistlichen, die zugleich Theologen und Aufklärer waren. In dieser Rolle fühlte er sich auch verantwortlich für die Zukunft seines Regierungssitzes. Er war es also, der anordnete, die Festungsanlagen in einen Grünring umzuwandeln. Dabei half ihm an erster Stelle der Architekt Johann Conrad Schlaun (1695–1773), dem wir noch öfter begegnen werden.

Bis heute ist zu ahnen, wie mächtig die Anlagen gewesen sind, die damals unter die Spitzhacke kamen. An vielen Stellen umfassten sie nicht nur Graben, Wall und Mauer. Vor allem an den Toren gab es ausgedehnte Vorwerke und Schanzen. Auch sie bezogen die Planer des 18. Jahrhunderts zum großen Teil ein, sodass sich die Promenade immer wieder zu parkähnlichen Anlagen ausweitet.

Wie stets bei solchen Schöpfungen der Barockzeit blieb nichts dem Zufall überlassen. Vier Baumreihen laufen nebeneinander. Die bestanden zunächst ausschließlich aus Ulmen, dann – nach einem großen Ulmensterben – aus Linden. Später hielten die Gärtner sich nicht immer an dieses Prinzip der Monokultur, aber der von Eigenwerbung und Tourismusindustrie gern verwendete Slogan „Stadt im Lindenkranz" ist immer noch passend.

Auf den Zentimeter genau war geplant, in welchem Abstand die Lindenschösslinge zu pflanzen und in welchen zeitlichen Intervallen sie so auszudünnen waren, dass sie einander beim Wachsen nicht störten und sich in der Höhe zu einem Dach wölben konnten. Drei voneinander getrennte Wege entstanden durch die vier Baumreihen; die beiden äußeren waren den Fußgängern vorbehalten, der breitere Innenweg gehörte zunächst den Reitern und Kutschen. Heute ist der Ring ein Dorado nicht nur für Spaziergänger, Jogger und Skateboarder, sondern vor allem für Radfahrer.

Exkurs: Münster, Stadt der Radfahrer

Sie sind überall. Münster und sein Umland stehen schon länger da, wo andere noch hinwollen. Das Fahrrad erfreut sich allerorten wachsender Beliebtheit, aber hier ist es schon lange so, als wenn die Menschen mit ihm zur Welt kämen.

Die fast überall flache Topografie ist die eine Voraussetzung für den anhaltenden Boom. Eine andere ist die günstige Größe Münsters. Viele Wege sind mit dem Rad am einfachsten und am schnellsten zu erledigen. Die Stadt hat zudem eigene Wegenetze und andere Erleichterungen geschaffen. Und auch über dem

Umland liegt ein enges System von „Pättkes" – so nennt man hier die Pfade, die sowohl für die Einheimischen als auch für die Touristen attraktiv sind.

In Münster sollen 290 000 Einwohner 500 000 Räder besitzen. Verglichen damit müsste zum Beispiel Berlin mehr als 6 000 000 haben. Hoch ist aber auch die Zahl der Diebstähle. In Berlin sind es nur 750, in Münster aber 1700 pro 100 000 Menschen. Um diese Zahl zu senken und um die Sicherheitslage zu verbessern, bestand eine Zeit lang eine eigene „Soko Speiche" bei der Polizei, aber sie löste sich wieder auf, weil die Verantwortlichen zu dem Schluss kamen, angesichts der Bedeutung des Fahrrades erfordere dieses den Einsatz der gesamten Ordnungsmacht.

Vor allem morgens und abends kommen sie einem in dichten Pulks entgegen. An jedem strategisch wichtigen Ort sind große Abstellflächen eingerichtet, die aber nie ausreichen. Zu jeder Tageszeit blinken dort die Lenker wie Wiesen aus Blech. Da fragt man sich unwillkürlich, wie die Einzelnen ihre „Leezen", so nennt man die Fahrräder in Münster, wiederfinden.

Holland ist nicht weit, darum sind jene Räder mit eckigen Lenkern weit verbreitet, deren Benutzer immer so aufrecht sitzen, als wenn Radfahren die gemütlichste Sache der Welt sei. Allerdings gibt es auch hier solche Fieslinge, die jeden Weg und jede Straße mit Rennstrecken verwechseln, auf denen Regeln und Rücksicht auf Mitmenschen überflüssiger Luxus sind. Dadurch und durch die schiere Menge der Radfahrer können sich gerade Münster-Neulinge verschrecken lassen. Aber wer's versucht, der lernt ziemlich rasch, im Strom der Normalos mitzuschwimmen.

Der ideale Platz für Radfahrer aller Arten ist die Promenade. Um von A nach B zu gelangen, bietet sie sich oft selbst dann an, wenn sie einen Umweg erfordert. Genug Platz, keine Abgase, keine Geräusche außer dem Sirren der Räder. Vielleicht trägt ja dieses Erlebnis einer belebten Ruhe dazu bei, dass Münster einem weniger lärmig vorkommen will als andere Städte.

*

Immer wieder hat es auch in Münster Pläne gegeben, den mittelalterlichen Ring endgültig plattzumachen und dadurch Platz für das Auto frei zu schlagen. Aber der Widerstand siegte jedes Mal, und selbst als nach dem Krieg auch die Münsteraner lausig froren und die Behörden das Fällen von Baumreihen angeordnet hatten, behielten die Verteidiger die Oberhand. Wer heute so etwas auch nur für ein paar Bäume in Betracht ziehen würde, hätte wahrscheinlich Lynchjustiz zu erwarten – es sei denn, er könnte seriös nachweisen, dass es sich um schwer kranke Exemplare handelt.

Wie stark die emotionale Bindung ist, zeigt die Sache mit den eigentlich simplen Metallstangen, die in Höhe des Unterschenkels die Rasenflächen von den Wegen trennen. Gleich mehrmals erklärt das Grünflächenamt den Passanten auf Tafeln, dass es sich um „formschöne und wirkungsvolle Knieholme" handele. Die Form stammt aus der Zeit um 1900, aber im Laufe der Jahre und vor allem als Folge des Krieges ging der allergrößte Teil der Holme verloren. Seit 1985 hat die Verwaltung das gute Stück nachgearbeitet und allmählich an vielen Stellen wieder angebracht. Es gibt aber auch noch den „Hüftholm", also das bauchhohe Pendant. Davon existierte in den Achtzigerjahren gerade noch ein Stück. Auch diese Art feierte Wiederauferstehung, zusammen mit einer ganz bestimmten Form der Bänke, die jetzt überall zu finden sind. In Münster hat alles seine Ordnung.

Der Rundkurs hat den Vorteil, dass man an jeder Stelle einsteigen kann. Wer das zum Beispiel am Buddenturm tut, der an der Straße Am Kreuztor liegt, der trifft gleich auf drei Sehenswürdigkeiten. Da ist einmal der schlanke Turm selbst, ein Überbleibsel der alten Befestigungen. Da ist zum Zweiten, etwas versteckt in der Kreuzschanze, ein Denkmal für Annette von Droste-Hülshoff. Es stammt aus den Neunzigerjahren des 19. Jahrhunderts und zeigt den Kopf einer Frau, der man anzusehen glaubt, dass sie kein schönes Leben gehabt hat. Die größte deutsche Dichterin lebte meistens einige Kilometer von Münster entfernt, in Hülshoff und Rüschhaus, und zuletzt in Meersburg am Bodensee, aber die Droste-Hülshoffs hatten – wie viele Landadelige – Wohnungen in der Stadt, in denen sie sich vor allem im Winter aufhielten. In solchen Zeiten las sich die Droste durch eine ganze Leihbibliothek, ging in das von reisenden Gruppen bespielte Theater und versuchte selbst literarisch aufzutreten. Aber als 1839 in dem Münsteraner Verlag Aschendorff ihr erster Gedichtband erschien, da fanden sich dafür ganze 73 Käufer. Selbst die Familie verfolgte, wie viele ihrer Standesgenossen, ihre Arbeit mit großer Skepsis.

In der Nachbarschaft des Turms und der Skulptur befindet sich noch eine dritte, sehr heutige Sehenswürdigkeit. Auf einem Spielplatz steht da eine Roteiche, bekannt als Schnullerbaum. Wenn der Passant Glück hat, und zum Beispiel im Sommer am ersten Mittwoch im Monat nachmittags um 14.30 Uhr hier ist, erlebt er einige glückliche Kinder samt Eltern. Denn dann kommen die Hüter der städtischen Grünflächen mit einem sogenannten Hubsteiger, also einem Wagen, dessen Kanzel bis in die Baumkrone hochfahren kann. In dieser Kanzel nehmen Kinder Platz, um sich zu verabschieden von den Schnullerzeiten, indem sie ihr letztes Exemplar an die Zweige hängen. Aber auch wenn die Aktion gerade nicht läuft, ist der Baum ein lustiger Anblick – sogar im Winter, wenn sich die farbigen Tröster an kahlen Ästen im Winde wiegen.

Weiter geht es in Richtung Westen, es ist eine breite Autostraße, das Neutor, zu überqueren und eine Wegstrecke zu passieren, die zunächst abweisend wirkt. Hier sind die Alleebäume niedrig, und anfangs denkt der Fremde möglicherweise: Was für ein großer, öder Platz. Aber dann fällt sein Blick auf das imposante Schloss mit seinen drei Flügeln. Das geübte Auge sieht sofort: Schlauns westfälischer Barock mit der typischen Kombination von rotem Backstein und hellem Sandstein. Heute ist es Hauptsitz der Universität.

Dann bilden wieder die Linden ihr gewölbtes Dach, der Weg führt ein wenig aufwärts, und wir stehen bald nach der Gerichtsstraße an einem der schönsten Orte auf dem Rundgang: Auf der einen Seite blinkt der Aasee herüber, auf der anderen schaut man über eine Wiese und einen Rest der Stadtmauer auf die Silhouette Münsters mit ihren vielen Türmen. So ähnlich könnte sich die Stadt für den dargeboten haben, der sich ihr vor dem Schleifen der Befestigungsanlagen näherte.

Auf anderen Abschnitten begleiten in unauffälliger Weise zumeist zweieinhalbgeschossige Wohnhäuser den Grünzug. Man schaut, wenn man will, den Leuten in die Gärten und manchmal auch in die Wohnzimmer. Aber das tut hier so gut wie niemand, da ist das katholische Münster fast so zurückhaltend wie das calvinistische Holland.

An der 1938 niedergebrannten, nach dem Krieg wiederaufgebauten und erst 2012 erweiterten Synagoge vorbei kommt der Rundgänger zum Servatiiplatz und schließlich zum Mauritztor. Dort steht auf einer weiten Wiese ein merkwürdiger Rundbau, der ein wenig dem Grab Theoderichs in Ravenna ähnelt. Beim näheren Hinsehen entpuppt sich das mehrere Meter hohe Bauwerk als eines jener malerischen, aber historisch und ästhetisch zweifelhaften Denkmäler, die auch an anderen Stellen der Promenade die Zeiten überstanden haben. In diesem Fall geht es um ein Andenken an die Kriege, die Deutschland in der zweiten Hälfte des 19. Jahrhunderts ausgefochten hat. Die Attraktion ist ein Fries aus gut gebauten nackten Kriegern und nur leicht verhüllten Frauengestalten. Die Münsteraner, die manchmal ähnlich respektlos sein können wie die Berliner, fühlten sich schon früh an ihre Leibspeise erinnert und sprechen gern vom „Schinkendenkmal".

Eine Erinnerungsstätte von ganz anderer Art und ganz anderem Gewicht steht als letzte Station wenige hundert Meter weiter: der Zwinger. Er erfordert ein eigenes Kapitel.

Zwinger an der Promenade
Das Tok-tok-tok der Stille

Ein Sommermorgen. Milder Sonnenschein. Dort, wo die Aa die Altstadt Richtung Norden verlässt, erhebt sich aus sattem Rasengrün ein rundes Gemäuer, das jeder in der Stadt als Zwinger kennt. Ein Hase hoppelt vorüber. Vögel tirilieren. Gegenüber dem Eingang zu dem steinernen Koloss steht eine riesige Eiche, durch deren prächtige Krone ein sachter Wind geht. Ein Idyll.

Wenn da nicht ein kleiner Gedenkstein im Boden wäre und wenn nicht aus der niedrigen Gittertür ein merkwürdiges Geräusch, ein leises Tok-tok-tok, dränge. Beides erinnert daran, dass dieser Zwinger mehr ist als ein pittoresker Rest der alten Befestigungsanlagen.

Wie oft sind wir als Schüler oder Studenten hier entlanggekommen, manchmal zu Fuß, meistens auf dem Rad. Wir haben ihn kaum noch wahrgenommen, den großen, grauen Klotz, der da vor sich hin rottete.

Wie die allermeisten in Münster hatten wir keine Ahnung, was hier vorgegangen war gegen Ende des Zweiten Weltkriegs.

Wir hatten gute Lehrer, aber viele von ihnen hatten in ihrer Biografie braune Flecken. Das haben wir erst später erfahren, und dann wurde uns auch klar, warum in unserer gesamten Schulkarriere gewisse historische Perioden nie ein Thema gewesen waren. Dabei wäre auch der Zwinger ein guter Ort gewesen, um den Nationalsozialismus zu erklären.

Aber da stand er an der Promenade, als ein sperriges Relikt aus scheinbar sehr fernen Zeiten. Erst eine neue Generation entriss ihn dem Vergessen und machte daraus ein Mahnmal.

Bis zum 18. Jahrhundert war der Zwinger ein Element der Festungsanlagen gewesen. Mit Wandstärken von 1,50 Metern, einem Durchmesser und einer ursprünglichen Höhe von je 25 Metern gehörte er zu den massivsten Bastionen in Europa. Als die Stadtmauern fielen, blieb er stehen, weil Johann Conrad Schlaun ihn zu einem Teil des städtischen Zuchthauses umbaute. Ende des 19. Jahrhunderts erwarb die Stadt das runde Monstrum und stellte es unter Denkmalschutz. Vorübergehend lebte und arbeitete ein Maler hier. 1935 übernahm die Hitlerjugend den Zwinger als „Kulturheim". Dann schloss sich der Kreis: Als die neuen Trakte des Zuchthauses teils den Bomben zum Opfer fielen, richtete die Geheime Staatspolizei, besser bekannt als Gestapo, das Gebäude in wenigen Tagen wieder als Haftanstalt her. Sie brachte hier russische und polnische Zwangsarbeiter unter, die sie folterte und teilweise auch ermordete. Im Lichthof stand ein Galgen, der so rationell gebaut war, dass er vier Hinrichtungen in einem Arbeitsgang erlaubte. Gegen Kriegsende machten Fliegerbomben das Gebäude unbrauchbar.

Als sich die Verhältnisse einigermaßen normalisierten, ließen die Behörden die Ruine zumauern und leidlich sichern: Wie so oft sperrte die Nachkriegsgesellschaft die jüngste Vergangenheit einfach aus. Irgendwann tauchten Pläne auf, den Bau zu einem Denkmal gegen den Krieg zu machen. Aber dann, das war in den Sechzigern, wurde ruchbar, was dort geschehen war – damit erledigte sich das Projekt. Die Anlage verwitterte weiter. Erst die Künstlerin Rebecca Horn sorgte für einen Wandel.

Sie war eingeladen worden, 1987 an der zweiten von inzwischen vier internationalen Skulpturenausstellungen in Münster teilzunehmen. Wie alle beteiligten Künstler sollte sie sich mit der Stadt und ihrer Geschichte auseinandersetzen. Sie entdeckte den Zwinger, erkundete seine Vergangenheit und baute dort eine Installation mit dem Titel „Gegenläufiges Konzert" ein, die sofort viel Beachtung erntete. Für die dritte Skulpturenschau im Jahre 1997 richtete die öffentliche Hand das Gemäuer mit viel Geld so her, dass es für einen Dauerbetrieb geeignet war. Horn aktualisierte ihre Arbeit und verkaufte sie der Stadt. Seither ist der Zwinger ein Ort, der durch Geräusche und Licht auf schon paradoxe Weise innere Stille erzeugt.

Durch das Gittertor geht es in einen dunklen Gang. Auf dem staubigen Boden liegen Trümmersteine. Von überall her kommt ein monotones Tok-tok-tok – nicht langsam, nicht aufgeregt, nicht laut, nicht leise, gerade so, dass es sich im Ohr festsetzt. Der Gang öffnet sich zu dreieckigen Zellen. Die Wände sind unverputzt, unter den kleinen Fenstern steht jeweils ein Abort.

Wenn sich die Augen an das Zwielicht gewöhnt haben, erkennen sie die komplexe Installation. In den Zellen und Gängen sind überall rot zuckende Lämpchen angebracht, dazu Hämmerchen, die wie von Geisterhand bewegt in gleichmäßigen Abständen auf kleine Bleche treffen. Tok-tok-tok.

Eine Treppe führt ein Stockwerk höher. Weitere nackte Zellen, auch hier: Tok-tok-tok und die hin und her springenden Flämmchen. Der Blick geht hinunter auf den Boden eines Lichtschachts, Durchmesser etwa sieben Meter. Hier war der so effektiv arbeitende Galgen aufgestellt. Jetzt steht hier ein rundes, mit spiegelglatter Flüssigkeit gefülltes Becken. Darüber hängt eine Art Trichter, aus dem sich alle 20 Sekunden ein Tropfen löst. Er fällt etwa sechs Meter tief und zersplittert für einen Moment den Spiegel. Und immer weiter, aus mehreren Richtungen das Tok-tok-tok.

Rebecca Horn hat die jetzt zum Bestand des Stadtmuseums gehörende Installation ausgiebig erklärt. Vor allem sollte sie den verschlossenen Ort mit schlimmer Vergangenheit in die Öffentlichkeit holen. Die roten Flackerlichter, 40 insgesamt, stehen für die Seelen der hier Ermordeten. Mithilfe der ebenso vielen Hämmerchen nehmen sie Kontakt miteinander und zu anderen Menschen auf: Tok-tok-tok.

Das Wasser, das tropfenweise niederfällt, ist ein Element des Lebens, das ständig bedroht ist und sich doch immer wieder erneuert. Der Titel „Gegenläufiges Konzert" rührt daher, dass der Besucher sich beim Gang durch das Gebäude gegen den Uhrzeigersinn bewegt. Aber auch ohne solche Erläuterungen ist der Zwinger jetzt ein Denkmal der ganz besonderen Art.

Als wir wieder ans Tageslicht treten, säuselt der Wind in der großen Eiche. Die Vögel tirilieren. Nur der Hase ist fort. Ein paar gemütlich plaudernde Rentner radeln vorbei. Aber im Kopf pocht immer noch das Tok-tok-tok.

Foyerhof des Theaters
Donnerschlag der Fünfziger

Der Zugang zu dem kleinen Idyll in der Neubrückenstraße ist leicht zu übersehen. Vorbei an einem kastigen Gebäude, in dem die Kasse und andere Einrichtungen des münsterischen Stadttheaters untergebracht sind, führen zwei enge Treppen hinauf. Über sie erreicht man, sozusagen im ersten Obergeschoss, einen dreieckigen Platz, mehr ein Plätzchen, von ungewöhnlicher Intimität.

Auf der einen Seite die Rundung des Zuschauerraums, dank einer Vollverglasung jederzeit einsehbar. Auf der anderen das Restaurant, das allerdings nur bei Vorstellungen und zu Sonderveranstaltungen öffnet, gleichfalls viel Glas. Auf der dritten, kürzesten Seite stehen hohe Platanen vor dem mächtigen barocken Haubenturm der Martini-Kirche. Der überraschendste Teil des Ensembles aber ist eine frei stehende, klassizistische Fassade mit leeren Fensterhöhlen. Sie wirken nicht bedrohlich, wie man meinen könnte, sondern eher wie eine zum Ort passende Kulisse; man könnte an Puccinis Oper Tosca denken oder an Schillers Don Karlos.

Vielleicht bedauert manch einer, dass das Restaurant tagsüber nicht geöffnet ist. Wenn es hier draußen zum Beispiel ein Café gäbe, könnte er sich in Ruhe in das Idyll und seine Geschichte vertiefen. Andererseits ist so gesichert, dass er am Tag in aller Regel allein ist.

Zustande gekommen ist das originelle, bei angemessenem Wetter als Pausenfoyer dienende Plätzchen durch den Geniestreich von vier jungen Architekten. Nach dem Krieg waren auch die Städtischen Bühnen eine Ruine, es gab nur einen provisorischen Betrieb. Anfang der Fünfzigerjahre wollten die Münsteraner wieder ein richtiges Theater. Die ersten Entwürfe sahen ein konventionelles Haus vor, das sich streng an die Fluchten des vorgegebenen Eckgrundstückes hielt. Man war unzufrieden.

Daraufhin machte sich das damals völlig unbekannte junge Architektenteam Deilmann/von Hausen/ Rave/Ruhnau in der Freizeit ans Zeichnen. Die Voraussetzungen waren schwierig. Das Gebäude sollte nicht nur allen drei Theatergattungen Oper/Operette, Schauspiel und Ballett dienen, sondern auch als Musiksaal, den es zu dieser Zeit noch nicht wieder gab. Hinzu kam der prekäre Standort an einer Kreuzung.

Die vier Architekten fanden eine Lösung, die dann, bei der Eröffnung des Hauses im Jahre 1956, international Aufsehen erregte. Fachleute sprachen von einem „Donnerschlag in der Theaterarchitektur". Überzeugend fanden sie unter anderem, dass Bühnenturm und Zuschauerhaus diagonal auf dem Grundstück stehen – ähnlich wie es Johann Conrad Schlaun, das große Vorbild in der westfälischen Architektur, mehrere Male realisiert hat. Zudem war das Haus sozusagen von innen nach außen gebaut, die Funktion bestimmte die runden Formen. Dazu viel Glas, steil ansteigende Ränge, ein Lampenhimmel im Zuschauerraum und eine sehr lichte Innenausstattung.

Auch die so spektakulär frei stehende Fassade aus Sandstein und Ziegeln im Außenbereich entzückte viele, selbst wenn sie den historischen Hintergrund nicht kannten. Es handelt sich um die Rückfront eines Stadtpalais, das seit dem Ende des 19. Jahrhunderts als Theater gedient hatte und im Krieg niedergebrannt war. Die Mauer mit den leeren Fenstern ist also vor allem eine Reminiszenz an die Geschichte des Hauses.

Gleichzeitig ist sie aber geeignet, an einen ungewöhnlichen Mann zu erinnern. Bis zum Umbau als Theater hatte die Familie derer von Romberg das Palais besessen, und deren Oberhaupt war über längere Zeit ein Herr gewesen, den viele als den „tollen Bomberg" kennen. Oder zu kennen glauben.

Vor allem dank des gleichnamigen Longsellers von Josef Winckler, der sich seit seinem Erscheinen in den Zwanzigerjahren des vergangenen Jahrhunderts mehr als 750 000 Mal verkauft hat, gilt Gisbert von Romberg II. alias Bomberg als eine Art Anarchist des Adels, als trinkfreudiger Kraftprotz, der ausufernde Feste feierte, ganze Gaststätten zerlegte und einen unstillbaren Spaß daran hatte, möglichst viele Menschen zu ärgern. Zahllos die immer wieder verbreiteten Schnurren, die bis heute über ihn im Umlauf sind. Viele davon haben allerdings den Nachteil, dass ihr Wahrheitsgehalt nicht sonderlich groß oder gar nicht nachweisbar ist.

In Wirklichkeit war dieser Gisbert von Romberg (1839–1897), wie der Autor Wolfgang Delseit in einem langen, verdienstvollen Aufsatz Anfang der Neunzigerjahre gezeigt hat, ein fleißiger, vielen seiner Standesgenossen geistig überlegener Mann. Dank Landwirtschaft und Industriebeteiligungen konnte er in beträchtlichem Reichtum leben, und er brachte im Gegensatz zu den Legenden über ihn diesen Wohlstand nicht mit nichtsnutzigen Freunden durch, sondern mehrte ihn sogar. Auch trank er insgesamt offensichtlich nicht mehr als andere Adlige, selbst wenn er, als Ausgleich für hartes Arbeiten, streckenweise ein Leben als Bonvivant führte, der sich ein paar Freiheiten erlaubte.

Zuerst der Volksmund und dann einige Schriftsteller projizierten jedoch so lange alle möglichen umlaufenden Anekdoten und Histörchen auf ihn, bis er eine aus vielen Klischees zusammengesetzte mythologische Figur wurde, ähnlich wie Robin Hood, Don Quichote oder der Schinderhannes. Ein Beispiel: Romberg wohnte, wenn er nicht in Münster war, auf einem relativ bescheidenen Schloss in dem kleinen münsterländischen Ort Buldern. Dort hielt die Eisenbahn nicht. Um dagegen zu protestieren, zog der adelige Herr regelmäßig, wenn er nach Hause kam, die Notbremse. Er zahlte ohne Murren die Strafe dafür und freute sich, wenn es ihm wieder gelungen war, Aufsehen zu erregen. So etwas liest sich natürlich viel spannender als die wirkliche Geschichte von dem Mann, der eine Eingabe machte und es damit erreichte, dass am Ende der Zug auch in Buldern hielt.

Was bleibt, ist die Erinnerung an einen außergewöhnlichen Herrn, der nicht dem Bild vom konservativen und oft ziemlich langweiligen Landedelmann entsprach, sondern Münster und das Münsterland als eine Bühne für eine etwas extrovertierte Lebensweise genoss. Insofern passt es also ganz gut, wenn die Fassade seines alten Palais heute ein wichtiger Bestandteil des Theaterensembles ist.

Daran dachten wir, wie die meisten damals, allerdings nicht, als Münster Mitte der Fünfzigerjahre mit dem Neubau Furore machte. Für viele, auch für uns theaterunerfahrene junge Menschen, war es ein großes Erlebnis, Stücke von Autoren wie Samuel Beckett, Tennessee Williams, Max Frisch und vielen anderen auf einer richtigen großen Bühne in einem tollen Haus zu erleben. Eine Welt tat sich auf.

Prinzipalmarkt und St. Lamberti
Nächtliche Schönheit, aber mit Irrlichtern

Blumenstände, Gastronomie auf dem Bürgersteig, Fahrradfahrer, Taxis und Busse, die sich allerdings nur schleichend bewegen dürfen. Da spaziert Götz Alsmann, der heimatfeste Sänger-Entertainer mit der tollen Tolle, vorüber. Pulks von einkaufenden Einheimischen und Touristen. „Oh, wie schön" tönt es in allen Sprachen.

Und was dieser Platz alles erlebt hat – von der Arbeit der Scharfrichter im Mittelalter über den alljährlichen Karneval bis zum Bierkrieg von 1895, als die Bürger so lange auf die Straße gingen, bis die Obrigkeit die Schließung der Gaststätten um 23 Uhr zurücknahm. Nein, der Prinzipalmarkt war und ist kein ruhiger Ort.

Es sei denn, der Passant ist noch spät auf den Beinen, zum Beispiel zwischen 23 und 24 Uhr. Dann schwankt vielleicht ein Zecher aus der Kneipe. Eine fröhliche Geburtstagsgesellschaft verlässt das Restaurant im Stadtweinhaus. Ein versprengter Radfahrer strebt nach Hause. Dass ein Spätbus vorüberfährt und dass da ein Pkw herumsteht, mutet fast ungehörig an. Man ist nicht ganz allein mit den wohlproportionierten Giebeln und Laubengängen, aber der Tagestrubel ist weit weg.

Eigentlich ist der Prinzipalmarkt mit seinen 160 Metern Länge eher eine Straße. Aber dank ihrer Überbreite und mit den geschlossenen Fronten bietet sie ein nachhaltiges Platzerlebnis, gerade nachts, wenn der Besucher auf niemanden mehr Rücksicht nehmen muss.

Fremde, die das Schicksal der Stadt nicht kennen, könnten den Eindruck haben, dieses architektonische Glanzstück stehe hier so seit Jahrhunderten. Fotografien zeigen aber, dass der Markt wie die ganze Innenstadt nach dem Zweiten Weltkrieg eine Trümmerödnis war. Die ersten demokratischen Stadtpolitiker und die Kaufleute warteten indes nicht auf Masterpläne, sondern begannen einfach mit dem Wiederaufbau. Im Unterschied zu anderen Städten hielt man sich in Münster dabei an die Vorbilder. Allerdings zwangen Geld- und Zeitmangel die Architekten dazu, die früher sehr reich verzierten Giebel aus der Gotik und der Renaissance zu vereinfachen.

Für diese Form der Rekonstruktion ernteten die Münsteraner manch abschätziges Lächeln von Puristen. Aber auf die Dauer hat der Erfolg ihnen recht gegeben. Inzwischen hat der landesübliche Sandstein so viel Patina angesetzt, dass die meisten Besucher und auch manche jüngere Einheimische die neuen Formen für die alten ansehen.

Ich schlendere also spät abends über den Markt, sehe mir die Schaufenster der kultivierten Läden unter den Laubengängen an, schaue zu den Giebeln hoch und wundere mich, wie unterschiedlich sie im Detail immer noch sind. Wenn ich aber das Platzerlebnis steigern will, komme ich nicht an einem normalen Spätabend hierher, sondern in der Advents- und Weihnachtszeit.

Dann ist der Einkaufsrummel tagsüber noch lebhafter als sonst, weil sich herumgesprochen hat, dass Münster in dieser Zeit besondere Reize entwickelt. Vor allem Tagesreisende aus den nahen Niederlanden und aus dem Ruhrgebiet strömen jetzt in die Stadt. Aber abends, wenn sich die Massen verlaufen haben, bekommt der Prinzipalmarkt vollends einen Stich ins Märchenhafte.

Es gibt hier sowieso keine einzige Lichtreklame über den Geschäften, sondern nur deren in goldenen Lettern geschriebene Namen. Diese Dezenz steigert die sehr zurückhaltende Straßenbeleuchtung. In der Vorweihnachtszeit liegen zudem in allen Fenstern Lichtbänder, die aus Nadelzweigen hervorscheinen, und in den Bögen der Laubengänge hängen Kränze. Ein vor Jahren ausgeklügeltes und streng eingehaltenes Konzept sorgt für dieses anheimelnde Bild. Unwillkürlich denkt man vor allem nachts an Matthias Claudius: „Wie ist die Welt so stille und in der Dämmrung Hülle so traulich und so hold." Wenn dann auch noch der städtische Türmer alle halbe Stunde vom Turm der Lambertikirche in sein Horn bläst, um der Stadt zu verkünden, dass kein Feuer und kein Feind sie bedroht, scheint es nicht mehr weit zum biedermeierlichen Kitsch zu sein. Aber das Gegenstück zur Gemütlichkeit hängt am selben Turm, in Form der berühmten drei Käfige.

St. Lamberti ist eine typische norddeutsche Hallenkirche. Ihr Turm schließt den Prinzipalmarkt zur nördlichen Seite ab (zur anderen Seite tut das ein intelligent um die Ecke gebautes Kaufhaus). Viele Jahrhunderte war der Turm eher ein Türmchen. Aber als dieses Ende des 19. Jahrhunderts baufällig wurde, sollte ein möglichst stolzer Nachfolger her, denn Lamberti diente immer auch als Demonstration der Stärke des Bürgertums gegen die Machtansprüche des am nahen Domplatz residierenden Bischofs.

Die Suche nach einer zur Gotik des Gotteshauses passenden Turmform führte auch nach Freiburg. So einen eindrucksvollen Turm, wie er dort steht, wollten die Münsteraner haben. So kommt es, dass viele Besucher von St. Lamberti sich an die badische Stadt erinnert fühlen, selbst wenn das Original dort einige Jahrhunderte älter und fast 30 Meter höher ist.

Am Münsteraner Turm hingen auch nach dessen Neubau wieder jene drei Käfige, die bis heute ein gruseliges Wahrzeichen der Stadt sind. In der Reformationszeit hatte eine Gruppe, die nur die Taufe von Erwachsenen akzeptierte, die Stadt in ihre Hand gebracht und eine Diktatur errichtet. Als der Bischof 1536 die Stadt zurückeroberte, ließ er auf dem Prinzipalmarkt drei Anführer, Jan van Leyden, Bernd Knipperdollinck und Bernd Krechting, foltern und schließlich erstechen. Die verwesenden Leichen wurden in drei Körben am Turm von St. Lamberti zur Schau gestellt, den Vögeln zum Fraß und den Untertanen zur Abschreckung. Jan van Leyden hing übrigens höher und in der Mitte. Er soll sich das als König des „Neuen Zion", wie die Wiedertäufer Münster genannt hatten, so gewünscht haben.

Jeder Münsteraner kennt die Käfige und ihre Geschichte, und kein Fremdenführer vergisst, sie auf dem Weg durch die Stadt vorzutragen. Vor einigen Jahren hat sie aber eine zusätzliche Note bekommen, und die wird besonders sichtbar und sinnfällig für den, der am späten Abend vom Prinzipalmarkt zum Turm emporblickt. Er entdeckt dann, dass in den Käfigen je eine Lampe brennt. Der Künstler Lothar Baumgarten hat diese Leuchtpunkte als Teilnehmer der zweiten Skulpturenausstellung 1987 angebracht. Er nannte seine Installation „Drei Irrlichter".

Es geht auf 24 Uhr zu, ich stehe allein mitten auf dem Prinzipalmarkt, starre zu den drei Lichtern hoch und stelle mir den einsamsten Mann der Stadt, den Türmer, da oben in seiner Stube nahe den Käfigen vor. Vielleicht öffnet er gerade das Fenster, um Luft zu schnappen. Da hört er ein Wispern:

„Hör mal, du kennst dich doch in Geschichte aus. Kannst du nicht mal etwas für unseren Ruf tun? Wir gelten doch weit über Münster hinaus als wahre Monster."

Der Türmer zuckt ein wenig zusammen, ist aber froh über die Unterbrechung der Stille:

„Ich lese wirklich eine Menge hier oben. Auch über eure Herrschaft habe ich mich informiert, liegt doch nahe. Ich versteh's immer noch nicht ganz. Es begann doch so gut. Ganz Europa litt unter Glaubenskämpfen, aber der Rat der Stadt Münster beschwor die Freiheit aller christlichen Lehren, auch die von euch Wiedertäufern."

„Das hat die Menschen vielleicht überfordert, sie waren ja von der allein seligmachenden Macht ihrer eigenen Religionen überzeugt."

„Aber euer Kommunismus."

„Wir hatten eben den alten Traum von einer gerechten Gesellschaft."

„Aber das ist doch nie gut gegangen. Und noch schlimmer: eure Vielweiberei."

„Das war ja auch ein bisschen anders, als das meistens gesagt wird. Es gab in der Stadt einen großen Überschuss an Frauen. Wir wollten sie sozial absichern."

„Das ist doch sicher ein bisschen geschönt. Es ging ja wohl auch um die Bedürfnisse von Männern. Und insgesamt wart ihr auf Dauer nicht toleranter als die Protestanten oder die Katholiken."

„Ja, aber die haben viel mehr Menschen umgebracht als wir."

„Ach, das alte Lied. Ich halte nichts davon, die Zahl der Todesopfer gegeneinander aufzurechnen. Und jetzt muss ich raus, es ist Mitternacht."

Die Glocke schlägt vier-, dann zwölfmal. Der Türmer bläst in sein Horn, das hier unten wie eine ferne südafrikanische Vuvuzela klingt.

Seine Tätigkeit ist natürlich ein Stück Folklore. Darum ist es verständlich, dass er für diese Nacht zum letzten Mal geblasen hat. Als Folklore wird aber oft auch die Geschichte der Wiedertäufer abgehandelt. Es gab eine Zeit, in der die Tourismuswerbung Münsters sogar mit dem Titel „Stadt der Wiedertäufer" arbeitete.

Die drei einsamen Leuchtsignale in den Käfigen brennen die ganze Nacht hindurch und erinnern daran, dass diese Episode eine der furchtbarsten in der Geschichte der Stadt gewesen ist.

Friedenssaal im Rathaus
Ort der Sehnsucht

Das Rathaus mit seinem prachtvollen Schaugiebel ist der wichtigste Bau am Prinzipalmarkt und der Friedenssaal darin die bedeutendste Sehenswürdigkeit der Stadt. Entsprechend stark ist zeitweise der Andrang. Aber es hilft nichts. Dies ist der Ort, wo sich Weltgeschichte verdichtet hat und wo die Sehnsucht nach Frieden und Toleranz gleichsam Hausrecht genießt. Und vielleicht erwischen wir ja ein günstiges Zeitfenster.

In jedem Fall ist es besser, sich über einen kleinen Umweg einzustimmen. Hinter dem Rathaus liegt eine Freifläche. Darauf steht seit 1993 ein Denkmal der besonderen Art, das die Themen des Saales in einer zeitgemäßen Form aufnimmt. Der berühmte spanisch-baskische Künstler Eduardo Chillida hat es hier installiert: zwei Stahlskulpturen, die einander gegenüberstehen und an überdimensionale Bänke erinnern. „Toleranz durch Dialog" ist der Titel. Der Künstler benutzte bei der Übergabe die lebensnahe Formulierung: „Wer sitzt, kämpft nicht." Die Kommune kaufte die 18 Tonnen schwere Plastik 1993, um zum 1200-jährigen Stadtjubiläum an ihre Bedeutung als Ort des Friedens zu erinnern.

Nun also die paar Schritte zur Vorderseite des Rathauses. Vom „Bürgersaal" geht es durch eine unauffällige Tür ins Herzstück. Darüber steht in einer alten Inschrift das Motto, wie es bündiger nicht zu formulieren ist: „Pax optima rerum" – der Friede ist das höchste Gut. Wir treten ein und sehen uns in der Hoffnung auf Stille enttäuscht: Eine niederländische Schulklasse wuselt herum. Etwa 40 Mädchen und Jungen lauschen den in ihrer Sprache vom Band kommenden Informationen. Einige lagern sich zwischendurch entspannt auf die Erde und schreiben mit. Der Lehrer läuft mit hochrotem Kopf herum und weist auf besonders wichtige Passagen hin.

Das ist wohl unvermeidbar. Zumal dies auch ein für die Niederlande besonders wichtiger Raum ist. Hier beeideten ihre Unterhändler 1648 jene Urkunde, die ihnen nach so vielen Jahren des Kampfes die endgültige Unabhängigkeit von Spanien verschaffte. Darum kommen die Holländer in besonders großen Scharen und mit speziellen Erwartungen hierher. Auch diese Klasse lauscht sehr aufmerksam, was für den Trubel ein wenig entschädigt.

Und plötzlich sind sie fort, wir stehen nur noch zu dritt im Saal. Er ist kleiner, intimer, als er auf den tausendfach reproduzierten Gemälden und Fotos wirkt.

Da ist es wichtig, sich zu erinnern, dass dies seit dem Mittelalter nur der Rats- und Gerichtssaal einer Stadt von damals gut 10 000 Einwohnern gewesen ist. Die welthistorische Bedeutung und den Namen „Friedenssaal" hat er erst durch die Ereignisse des 17. Jahrhunderts bekommen.

Allerdings zeigt die – damals schon alte – Innenausstattung sehr viele Bezüge zum Thema Frieden. So hängt zum Beispiel unter der Decke eine schmale Tafel, auf der zu lesen ist: „Audiatur et altera pars." Der Künstler hat die Übersetzung dieser Mahnung an alle Rechtsprechenden und Rechtsuchenden gleich mitgeliefert: „Men hoere beide parte." Und ein Medaillon, unter dem der zentrale Kronleuchter hängt, zeigt die aus dem ersten Buch der Weisheit stammende Inschrift: „Diligite justitiam, qui iudicatis terram", was so viel heißt wie: „Liebet die Gerechtigkeit, die ihr auf der Erde Recht sprecht."

Am einprägsamsten behandelt freilich eine kleine surreal anmutende Holzschnitzerei das Generalthema Gewalt und Frieden. Auf einer Seite der großflächigen, von Kunstwissenschaftlern hochgepriesenen dunklen Wandtäfelungen gibt es insgesamt 22 kleine Schrankfächer, die früher zur Aufbewahrung von Akten dienten. Die Türen sind mit geschnitzten Reliefs geschmückt, die ein Sammelsurium von weltlichen und religiösen Motiven präsentieren. Eine dieser Tafeln zeigt zwei Männer ohne Köpfe. In der einen Hand tragen sie je ein Schwert, mit der jeweils andern haben sie beide denselben abgeschlagenen Kopf fest im Griff. Die Sinnlosigkeit von Aggression. Besser kann man sie kaum darstellen.

Das Spektrum der Schnitzereien reicht allerdings bis zu sehr profanen Sujets. So zeigt eine Jahrhunderte vor Goethes Götz von Berlichingen entstandene Szene, wie ein Mann einen anderen an einer sehr intimen Körperstelle mit der Zunge traktiert. Lange Zeit war das originelle Stück nicht sichtbar, weil irgendwelche Menschen es genant gefunden und verdecken lassen hatten. Bei Restaurierungsarbeiten tauchte es eines Tages wieder auf.

Auf einer Längswand hängen Reihen von Porträts. Aus vieler Herren Länder waren Delegationen nach Münster und Osnabrück, die andere Friedensstadt, gekommen, um dem Morden ein Ende zu setzen. 37 der wichtigsten Abgesandten hat die Stadt bald danach malen lassen. Sie sehen alle sehr bedeutend drein und erinnern so gar nicht an jenen Unterhändler, der damals gespottet hat: „Die Hölle muss leer sein, alle Teufel sind in Münster versammelt."

Der prominenteste Delegierte, der natürlich auch in dieser Galerie würdevoller Herren vertreten ist, war Fabio Chigi, apostolischer Nuntius des Papstes. Später wurde er selbst Papst, nannte sich Alexander VII. und erwarb sich wichtige Verdienste um die Architektur, weil er den Petersplatz in Rom in seiner heutigen Gestalt in Auftrag gab.

Chigi hat in witzigen Versen und Briefen seine mehr als fünf Jahre in Münster beschrieben. So schilderte er unter anderem die Ess- und Trinkgewohnheiten dort und seine Erfahrungen mit Münster als der „Heimat des Regens". Auf diese Passage berufen sich bis heute gern Menschen, die über Münster schreiben, was die Einheimischen gar nicht gern hören oder lesen, weil sie glauben, dass es andernorts noch mehr regnet.

Die Bezeichnung „Friedenssaal" legt die Vorstellung nahe, dass sich die Delegierten hier getroffen und die Urkunden 1648 hier unterschrieben hätten. Die Verhandlungen liefen jedoch so, dass Kuriere ständig mit Dokumenten und Entwürfen von einem Quartier zum andern und zwischen Münster und Osnabrück hin- und hereilten. Auch die Unterschriften unter das Schlussdokument leisteten die Unterhändler nicht in einer gemeinsamen Zeremonie, sondern getrennt voneinander. Im Friedenssaal beschworen nur vorweg die Spanier und die Niederländer ihren Separatfrieden. Das Gesamtdokument trat in Kraft, als festgestellt war, dass alle Signaturen beisammen waren. Erst dann eilten die Friedensreiter aus der Stadt und verkündeten, was der zeitgenössische Dichter Paul Gerhardt so beschrieben hat:

Gott lob, nun ist erschollen das edle Fried- und Freudenswort /
dass nun ruhen sollen die Spieß' und Schwerter und ihr Mord.

Bis dahin hatte der alte Saal, abgesehen von der Zeremonie zum spanisch-niederländischen Teilfrieden, keine sonderliche Rolle gespielt. Die Delegationen hatten sich hier begrüßen und akkreditieren lassen. Unterhändler trafen sich zu informellen Gesprächen. Aber was manchmal aus dem Blick gerät: Als Symbolort des Traums vom Frieden war und ist der Ort bedeutender denn als Schauplatz realer historischer Ereignisse.

Gleichzeitig war das Rathaus allerdings insgesamt ein Platz für Begegnungen gesellschaftlicher Art. In den fünf Jahren, die der Friedensprozess dauerte, entstand ein großer Bedarf an Unterhaltung. In den Berichten aus jener Zeit ist immer wieder die Rede von Theater, Musik und Tanz. Viele dieser Festivitäten waren öffentlich und fanden im Rathaus statt. Auch die Stadt beteiligte sich an dem Treiben, zum Beispiel in Form einer Theateraufführung des von Jesuiten unterhaltenen (und noch heute existierenden) Gymnasiums.

Dabei ging es allerdings nicht immer so entspannt zu, wie es von Friedensverhandlungen zu erhoffen gewesen wäre. So musste die auf 1200 Mann aufgestockte städtische Ordnungstruppe manches Mal eingreifen, etwa als es bei einer Karnevalskomödie zu Handgreiflichkeiten kam. Das Spiel sollte eigentlich das neue friedliche Verhältnis zwischen dem katholischen Spanien und den protestantischen Niederlanden dokumentieren. Doch es endete mit einem Degengefecht, bei dem einer der Diplomaten in einem Teich landete.

Insgesamt aber bewährte sich der Neutralitätsstatus, auf den sich die Delegierten vor Beginn der Konferenz für Münster wie auch für das kleinere Osnabrück geeinigt hatten. Die Münsteraner genossen die Eigenständigkeit, die sie dadurch auch gegenüber der Kirche erlangten. Nun endlich hatten sie eine Art Reichsmittelbarkeit, und die gedachten sie auch zu bewahren, als die Fremden abgezogen waren.

Dagegen war ein Mann, der bis heute den denkbar schlechtesten Ruf in der Stadt genießt: Fürstbischof Christoph Bernhard von Galen, wahlweise Bomben-Bernd oder Kanonen-Bernd genannt. Ein im Stadtmuseum hängendes Bild zeigt ihn, wie er in einem djangohaft schwarzen Habit ein Pferd pariert, zwischen dessen Beinen sehr klein die Silhouette der Stadt zu sehen ist. Plakativer konnte der Maler den Machtanspruch des geistlichen Herrn nicht verdeutlichen.

Dreimal belagerte er seine widerspenstige, auf ihre Ansprüche pochende Residenzstadt, einmal machten seine Kanonen ein ganzes Viertel platt. Schließlich mussten die Münsteraner 1661 das unfriedliche Nachspiel zum Friedenskongress mit einer Kapitulation beenden. Sie verloren viele Rechte, und so versank die einst stolze Stadt für längere Zeit in Bedeutungslosigkeit. Wenn heute die Uhren hier manchmal etwas langsamer zu gehen scheinen, dann hat das vielleicht immer noch etwas mit Kanonen-Bernd zu tun.

Eine andere Episode ist der Stadt erspart geblieben. Die starke Symbolkraft und die weltweite Bekanntheit des Friedenssaales kannte auch Adolf Hitler. 1940 erwog er in einem kleinen Kreis die Idee, den gerade begonnenen Krieg mit einem natürlich von ihm zu diktierenden Friedensvertrag an diesem Ort zu beenden. Die Möglichkeit, dass das ein bisschen voreilig gedacht war, kam ihm dabei gar nicht erst in den Sinn. Der Diktator verfolgte den Gedanken dann zwar nicht weiter, aber der Gauleitung der NSDAP in Münster ließ er mitteilen, nach der Unterzeichnung des Friedensvertrages in Berlin werde im Friedenssaal von Münster eine gesonderte Veranstaltung stattfinden.

Es gab dann bald nach dem Krieg tatsächlich eine große Friedensfeier, allerdings von ganz anderer Art. Als das 300-Jahr-Jubiläum des „Westfälischen Friedens" nahte, lagen die Stadt und das Rathaus in Trümmern.

Aber weitsichtige Leute hatten, als der Bombenkrieg sich verschärfte, die gesamte Inneneinrichtung des Saales aufs Land ausgelagert.

So war es möglich, ein provisorisches Gehäuse in der Ruine einzurichten und das berühmte Interieur darin anzubringen. Das große Fest mit internationaler Beteiligung konnte also in einem quasi-historischen Rahmen stattfinden und der eigentliche Wiederaufbau später. Im Mittelpunkt stand aber schon 1948 wieder die Wahrheit: Pax optima rerum.

Domherrenfriedhof
Im Auge der pulsierenden Großstadt

Der münsterische Paulus-Dom kann wegen seiner Maße und Massen etwas Einschüchterndes haben. So ist er bei einer Länge von 110 Metern nur 27 Meter hoch. Das gibt ihm etwas Erdenschweres. Wer will, kann darin Spuren von münsterländischer Mentalität sehen. Auch die beiden Türme stürmen den Himmel nicht so wie andere aus dem Mittelalter.

Immerhin wirkt das Münster von Münster nicht mehr so düster wie vor der Zerstörung im Zweiten Weltkrieg. Da war es im Stil des 19. Jahrhunderts dunkel und mit vielen dekorativen Elementen, zum Beispiel mit Sternen, ausgemalt. Diese Sünden haben die Architekten nicht wiederholt, als sie sich in den Fünfzigern des vorigen Jahrhunderts an den Wiederaufbau machten. Dafür haben sie, zumindest aus der Sicht von Traditionalisten, eine andere begangen. Sie haben das fein ziselierte hochgotische Hauptportal zwischen den Türmen nicht restauriert, sondern durch einen Kranz von 16 runden Fenstern ersetzt. Der empörte Volksmund sprach von Seelenbrause oder Duschkopf.

Der heutigen Anziehungskraft des Doms auf Touristen und Einheimische tut das keinen Abbruch. Sie bewundern den reichen Bestand an Skulpturen, sie stehen staunend vor einem riesigen Christopherus; der hält ein Jesuskind im Arm, das so groß ist wie in anderen Fällen der ganze Christopherus. Dann stehen sie vor einer komplizierten Weltzeituhr oder marschieren, möglicherweise schon etwas erschöpft, in den rund um das Chor liegenden Kranz von Kapellen, wo die Bischöfe begraben sind, darunter auch Clemens August Graf von Galen (1878–1946), der zwar von Demokratie wenig hielt, aber die Nationalsozialisten in seinen Predigten heftig angriff – worauf wir im Kapitel zu Telgte noch zurückkommen werden.

Zu sehen und zu lernen gibt es also genug, aber so manchem Besucher mag es gehen wie jenem Kunstprofessor, der einmal gestanden hat, dass er mit dem Bau nie so recht warm geworden ist. Wem zudem der Andrang zu groß ist, der hat eine Zuflucht. An der Nordseite gibt es einen Ort, an dem es sofort stiller wird: den Kreuzgang. Seine drei Flure sind geschlossen, zwei gegenüberliegende Türen öffnen sich zum Domherrenfriedhof, einem Innenhof mit strengen, aber harmonischen Abmessungen.

Niedrige Buchsbäume säumen den Weg zwischen den beiden Zugängen. In der Mitte eine sehr schlanke Säule, etwa vier Meter hoch. Wenige, etwas verloren wirkende Nadelbäume. Im Rasen uniformierte graue

Grabmäler, exakt ausgerichtet. Von fern weht der Klang einer Glocke herein, vielleicht verirrt sich mal ein Vogel. Nichts sonst. Stiller kann es nicht mehr werden. Und das im absoluten geografischen und historischen Zentrum, sozusagen im Auge einer pulsierenden Großstadt.

Als die Archäologen vor einigen Jahren wieder einmal den Ursprüngen Münsters auf den Grund gingen, mussten sie sich an dieser Stelle etwa vier Meter hinuntergraben. Dort stießen sie auf die Reste einer der beiden Kirchen, die der Gründer und erste Bischof von Münster, der Missionar Liudger, auf den Hügel an der Aa gebaut hatte. Es handelte sich allerdings mehr um ein Kirchlein; in den heutigen Dom hätte es Dutzende Mal hineingepasst. Rundherum und darüber lagen die Gebeine von etwa 400 Menschen, die hier in immer neuen Schichten den letzten Platz gefunden hatten. Die ältesten, aus der Zeit um 800, waren noch in Baumsärge gebettet, also in Behältnisse aus einem Stück, bis zu 2,20 Meter lang. Die Brettersärge kamen erst später.

Bis Ende des 14. Jahrhunderts entstand in vielen Bauabschnitten der Paulus-Dom in seinen heutigen Dimensionen mitsamt dem Kreuzgang. Von da an diente dessen Innenhof als Ruhestätte für die Hierarchiestufen unter dem Bischof, also für die Weihbischöfe und Domherren. Nach einer Pause im 19. Jahrhundert wurde der Friedhof sozusagen reaktiviert. Die Grabplatten, die jetzt zu sehen sind, stammen also aus neuerer Zeit, und es kommen ständig weitere hinzu.

Die hohen Herren vom Domkapitel sind mit ihren Titeln verzeichnet, darunter gibt es auch auffällige. So hat „der hochwürdigste Herr Dompropst Dr. Jos. Mausbach, Professor der Theologie Apostolischer Protonotar, geb. zu Wuppertal 7.2.1861, gest. am 31.1.1931" hier seine Ruhestätte gefunden. Was um Himmels willen ist ein Protonotar. Der Blick ins Lexikon zeigt, dass mehrere Bedeutungen möglich sind, dekorativer wie hierarchischer Art. Auf jeden Fall war Herr Mausbach unter vielen herausragenden Geistlichen ein besonders herausragender.

Noch wichtiger freilich ist der Mann, an den die Säule im Mittelpunkt des Hofes erinnert. Es handelt sich dabei um eine Totenleuchte, in deren Innerem Kerzen brennen können. Auf der Spitze stehen zwei Figuren, die einander den Rücken zukehren und deren Köpfe kleine Totenschädel darstellen. Eine schlichte Tafel sagt, dass Franz Friedrich Wilhelm von Fürstenberg 1929 von einem anderen Friedhof hierher überführt worden ist. Der Mann, den wir schon als Schöpfer des münsterischen Promenadenrings kennengelernt haben, passt hierher, und es passt zu ihm, dass er hier eine so überragende Position bekommen hat.

Gemälde zeigen einen hageren asketischen Mann mit einer langen Naturmähne, einer Hakennase und einem sehr konzentrierten Blick. Wie ein hoher katholischer Geistlicher nimmt er sich nicht aus. Wichtiger als sein offizieller Rang des Generalvikars war denn auch seine weltliche Funktion: Er regierte als Minister des Fürstbischofs die Verwaltung des Hochstifts Münster. Er tat das mit aufklärerischen Ideen, deren Bedeutung weit über seinen Amtsbereich hinausging.

Fürstenberg lebte von 1729 bis 1810. In seiner Amtszeit gründete er die münsterische Universität, heute eine der größten in Deutschland, leitete wichtige

Schulreformen ein, modernisierte die Verwaltung und sorgte für den Wiederaufbau nach den Verheerungen, die der Siebenjährige Krieg im Bistum und vor allem in dessen Hauptstadt angerichtet hatte.

Goethe traf ihn zweimal, einmal in Münster, und berichtete später in der „Kampagne in Frankreich", der Geistliche aus hohem Adel habe „einfach, mäßig, genügsam, auf innerer Würde beruhend, alles Äußere verschmähend" gelebt. Allerdings gehörte Fürstenberg als führender Kopf zu jenem Kreis von katholischen Intellektuellen, der sich in Münster um die Gräfin Amalie von Gallitzin bildete, und der als „familia sacra" berühmt und ein bisschen berüchtigt wurde.

Auch Fürstenberg bewegte sich in einem schwierigen Grenzbereich zwischen Glaube und Vernunft, zwischen katholischer Romantik und säkularem Reformertum. Das begrenzte seine Möglichkeiten als Aufklärer und Neuerer. So konfiszierte er politische Literatur, ließ eine kleinkarierte Zensur zu und verurteilte jede Form von Schwärmertum. Und dennoch – die Kränze, die ihm die Nachwelt bis heute flicht, stehen in keinem angemessenen Verhältnis zu seiner Leistung. Auch die Totenleuchte bei den Domherren ist dafür kein gebührender Ausgleich.

Diözesanbibliothek
Geometrie, auf die Spitze getrieben

Mancher mag in diesem Raum stehend zuerst denken: zu lang, zu hoch, zu schmal. Aber dann stellt sich, zumindest ging es mir beim ersten Besuch so, eine Faszination ein. Der Lesesaal der Diözesanbibliothek entspricht nicht den herkömmlichen Vorstellungen von harmonischen Raummaßen, und trotzdem tut er dem Auge bald gut.

Die alte Stadt Münster leistet sich von Zeit zu Zeit viel beachtete Beispiele neuer Architektur, wie zum Beispiel in Gestalt des Theaters (Fünfzigerjahre) oder der Stadtbücherei (Neunzigerjahre). Ein anderer Paukenschlag waren die Bauten des schweizerischen Architekten Max Dudler, der Anfang dieses Jahrhunderts einen Komplex katholischer Einrichtungen rund um die einen Steinwurf vom Dom gelegene Überwasserkirche ergänzte und veredelte. Davon am auffälligsten und bekanntesten ist die Diözesanbibliothek.

Ein überlanger Riegel, streng geometrisch, vierstöckig, mit unendlich vielen, immer gleichen hochformatigen Fenstern. Ein Kubus, der fast wie eine riesige, abstrakte Skulptur anmutet. Er steht in einem nicht zu übersehenden Dialog mit den kantigen Formen des unmittelbar benachbarten Überwasser-Kirchturms aus dem Mittelalter.

Sein Zentrum ist der Lesesaal, drei Stockwerke hoch, komplett ausgekleidet mit warmem, hellem Eichenholz. Etwa 20 Tische stehen streng ausgerichtet hintereinander, mit je zwei Arbeitsplätzen. Bücher sind allenfalls dort zu sehen, wo Menschen gerade arbeiten. Die Präsenzbibliothek ist in leicht zugänglichen, aber optisch abgeschirmten Galerien untergebracht. Die wertvollen, über Deutschland hinaus bekannten Bestände alter Bücher und Dokumente stehen im Depot, darunter bedeutsame Sammlungen theologischer Literatur aus sechs Jahrhunderten. Berühmt sind zum Beispiel die Bibliothek der Fraterherren, eine Sammlung aus der frühen Neuzeit, und die Santini-Sammlung mit etwa 20 000 Titeln, vor allem zur Kirchenmusik der Zeit vom 16. bis zum 19. Jahrhundert.

Den „Raum der Räume" hat ein Kollege Dudlers den Saal genannt. Trotz seiner minimalistischen Strenge wirkt er wie eine Aufforderung, sich niederzulassen. Dank seiner Öffnung für jedermann können also auch Menschen hier einen Rückzugsraum finden, die sich weniger für Theologie interessieren, sondern mitgebrachte Lektüre konsumieren oder einfach zur Ruhe kommen, nachdenken, vielleicht sogar meditieren wollen.

Es ist so still, dass man sich schon beim Flüstern als Störer fühlt. Es gibt auch keine Pappbecher mit Kaffee oder Wasserflaschen, und der Andrang hält sich, im Gegensatz zu anderen Bibliotheken, in Grenzen. In diesem Raum herrscht also eine klösterliche Stille – allerdings ohne die Abgeschiedenheit alter Klosterbibliotheken: Die so verschwenderisch eingebauten Fenster gestatten jederzeit den Blickkontakt mit der Außenwelt.

Euthymia-Kapellen und Clemenskirche
Stätten der Volksfrömmigkeit

Der cityanhe Zentralfriedhof von Münster ist, wie fast alles in dieser Stadt, sehr ordentlich. Hier gibt es keine vernachlässigten Gräber, jede Blume scheint sich der Einzelpflege zu erfreuen. Wer durch die Reihen geht, trifft nicht nur auf Otto Normalverbraucher, sondern auch auf prominente Namen und prachtvolle Denkmäler. Aber kein Grab kommt dem einer einfachen Krankenschwester gleich: Ihr zu Ehren steht da mitten im Gräberfeld eine schon von Weitem unübersehbare Kapelle.

Allerdings ist das keine Kapelle im üblichen Sinne, sondern eine nach vorn offene Halle. Flachdach, viel Glas, einfache Formen. Rundherum kleine, streng ausgerichtete Grabsteine, ähnlich wie auf Kriegsfriedhöfen. Hier sind ausschließlich Nonnen begraben, die dem Orden der Clemens-Schwestern angehörten. Eine von ihnen war Euthymia. Schon von außen sieht der Besucher ein Meer von Blumen und Kerzen, dazwischen liegen und stehen Votivgaben – nicht so barock wie in Bayern, aber ebenfalls Symbole einer Volksfrömmigkeit, die auch in diesen Zeiten der Säkularisierung unerschütterlich scheint.

An den beiden Längswänden Bänke. Auf einer sitzt eine in sich versunkene Frau, die leicht nach vorn und hinten schaukelt. Gegenüber stellt eine andere Frau, die sich schwer mit dem Bücken tut, ein Teelicht nieder. Draußen beseitigt ein Mann Unkraut, das nur er entdeckt. Sein Schaben und Kratzen sind das einzige Geräusch.

„Hab Dank für unsere gesunden Enkel Frederik und Alexander" ist auf einer der Votivtafeln zu lesen. Oder: „Dank für die neue Arbeitsstelle". Oder nur: „Hab Dank – Ingrid und Hans". Auch Bitten, zum Beispiel um Genesung oder um ein gutes Examen, richten sich an die kleine Schwester, die hier seit 1955 liegt, zuerst in einem einfachen Grab wie alle Mitschwestern, dann, als sie immer berühmter wurde, in der eigens für sie errichteten Kapelle.

1914 kommt sie als Emma Üffing in einem Dorf nördlich von Münster zur Welt. Sie ist neuntes von elf Kindern; mit eineinhalb Jahren erkrankt sie an Rachitis. Körperliche Schwäche begleitet sie ein Leben lang. Fotos zeigen sie mit einem stillen Lächeln, das eine Augenlid hängt leicht.

Sehr früh fällt ihre bedingungslose, einfache Frömmigkeit auf. Schon als Kind heißt sie im Dorf „Üffings Nönneken". Über verschiedene Stationen stößt sie zum Orden der Clemens-Schwestern, die sich vor allem mit

Krankenpflege beschäftigen. In einer Dependance am Niederrhein übernimmt sie, die sich nun Euthymia nennt, die unbeliebtesten Arbeiten, zum Beispiel auf der Station für ansteckende Krankheiten. Während des Zweiten Weltkriegs pflegt sie Gefangene und Zwangsarbeiter mit einer solchen Hingabe, dass Patienten sie als „Engel der Liebe" zu verehren beginnen.

Nach Kriegsende wünscht sich Euthymia eine Arbeit in der Küche. In Klerikerkreisen erzählt man sich, dass die Ordensleitung sie daraufhin in die Waschküche beordert und dazu bemerkt habe, das sei doch auch eine Küche. 1948 kommt sie nach Münster und arbeitet auch dort wieder in der Waschküche. 1955 stirbt sie an Krebs. Die Erste, die von sich behauptet, die tote Euthymia habe ihr geholfen, ist eine Mitschwester, deren Hand zwischen die Walzen einer Bügelmaschine geraten war. Sie hat schwere Verletzungen erlitten und bittet am offenen Sarg um Hilfe. In einem für die Ärzte unbegreiflichen Tempo sollen die Verletzungen geheilt sein.

Schon bald nach der Beerdigung wird Euthymias Grab auch für andere zu einem Ort der Verehrung, des Bittens und des Dankes. Immer mehr Menschen erhoffen sich Hilfe von ihr, und immer häufiger glauben sie, dass diese Hilfe ihnen zuteil geworden sei. Am 7. Oktober 2001 spricht Papst Johannes Paul II. Schwester Euthymia selig, was für viele Katholiken die Vorstufe zur Heiligsprechung ist. Seither pilgern noch mehr Besucher zu ihrem inzwischen von dem Glasbau überdachten Grab. Aber auch Menschen, die einfach einen Moment der Ruhe suchen, kommen hierher.

Allerdings braucht man dazu nicht auf den Zentralfriedhof zu gehen. In der Altstadt, kaum einen Steinwurf vom Rathaus entfernt, gibt es einen weiteren Ort der Erinnerung und der Stille. Dort steht die Raphaelsklinik, die auch Mutterhaus des Ordens ist. Von der Loerstraße aus leicht zu erreichen ist das „Euthymia-Zentrum". Eine runde, minimalistisch-nüchterne Kapelle mit einem achtteiligen Altar als wichtigster Ausstattung.

Auch hier hinterlegen Menschen Bitten oder Dankesbezeugungen, sie beten oder sie sitzen da und machen Pause vom Alltag. Insgesamt haben sich inzwischen mehr als 150 000 Hilfesuchende an die kleine Nonne vom Lande gewandt, manche auch per Brief, Telefon oder E-Mail. In einer eigenen kleinen Galerie sind solche Details und die Biografie Schwester Euthymias ausgebreitet.

Auch der Platz vor der Kapelle ist nach ihr benannt. An ihn grenzt ein Ort von Ruhe und Volksfrömmigkeit völlig anderer Art. Allein den Gegensatz zu sehen ist ein Erlebnis für sich. Nach dem Krieg lag da lange Zeit nur eine klägliche Ruine. Heute steht hier wieder einer der wichtigsten Schlaun-Bauten: die Clemenskirche, im Grunde auch nur eine Kapelle, aber erfüllt von einem jubelnden Rokoko, das ganz im Dienste der Schönheit und des Glaubens steht.

Wer die Kirchenlandschaft Italiens kennt, wird sich möglicherweise gleich mehrere Male erinnert fühlen. Tatsächlich hat Schlaun in seinen Reisejahren italienische Kirchen analysiert und gezeichnet. Kunsthistoriker glauben zum Beispiel, dass die von dem berühmten Lorenzo Bernini gebaute S. Maria dell'Assunta in Ariccia ein wichtiges Vorbild für den Deutschen war, als er von seinem Dienstherrn, dem Bischof, die Aufgabe bekam, in Münster ein Krankenhaus zu bauen.

Zwei Flügel dieser großen Anlage liefen in einem spitzen Winkel aufeinander zu und trafen sich an der Straße. Ähnlich wie er es südlich der Alpen gesehen hatte, verband Schlaun die beiden Flügel durch eine diagonal gestellte, in diesem Fall sechseckige und damit fast runde Kapelle. Sie schloss den Komplex auf geniale Weise zu den Straßen ab.

Das gesamte Ensemble fiel den Bomben zum Opfer, das Krankenhaus verschwand endgültig, die Kirche aber erstand zwischen 1956 und 1973 in alter Herrlichkeit wieder. Sie steht zwar nun etwas verloren in der Gegend, weil die Flügel fehlen, aber das stört die meisten Besucher nicht. Zumal wenn sie vielleicht entdecken, dass die so nüchterne neue Euthymia-Kapelle in der unmittelbaren Nachbarschaft einen ähnlich runden Grundriss hat wie die um 250 Jahre ältere Schlaun-Kirche.

Über Euthymia und die drei Kapellen nachzusinnen ist Gelegenheit in einem winzigen, aber gemütlichen Garten, der am Maria-Euthymia-Platz liegt. Hier sitzt zwar schon mal der eine oder andere Obdachlose, aber gegen den hätte zumindest die kleine Nonne nichts einzuwenden gehabt.

Museum für Lackkunst
Freuden der Perfektion

Wer vom Bahnhof über die Windthorststraße den direkten Weg ins Zentrum von Münster wählt, der stößt nach zwei, drei Minuten auf ein Haus, das ihn möglicherweise in Staunen versetzt. Ein Stadtpalais, das barocke und klassizistische Elemente verbindet, aber aus dem Beginn des 20. Jahrhunderts stammt. Im Giebel steht in goldenen Lettern der Name Gerling, also eines dahingegangenen Versicherungskonzerns. Dezente Schilder und Banner sagen, dass das Gebäude damit nichts mehr zu tun hat, sondern ein Museum für Lackkunst beinhaltet.

In Münster ein eigenes Haus für eine Kunstsparte, die nicht gerade im Zentrum der Aufmerksamkeit steht? Das erklärt sich rasch. In dem Vorort Hiltrup gab und gibt es eine Fabrik für Farben, vor allem für Lacke. Das Unternehmen ist inzwischen in einem großen

Konzern aufgegangen, und der leistet sich dieses eigene Museum für eine Kunst, deren charakteristisches Material der Lack ist.

Zum Empfang geht es leider nicht die elegante, breite Freitreppe hoch, sondern durch eine Seitentür. Dann aber taucht der Besucher in eine besondere Welt ein, in ein Ambiente, das eine einzige Aufforderung ist, den Motor zu drosseln und die Freuden der Perfektion zu genießen.

Dabei ist Lack ja zunächst nicht mehr als ein Stoff, der die damit beschichteten Gegenstände schützt. Vom Heimwerker bis zum Autobauer verwenden ihn alle, weil er erst leicht streichfähig ist und dann ausnehmend hart wird. Zugleich entwickelt Lack einen Glanz, der geeignet ist, Gegenstände zu nobilitieren. Um diesen Glanz mehr und mehr zu verfeinern, haben Künstler vieler Kulturen immer neue, komplizierte Techniken angewendet.

„Ich bin im Döschenhimmel", hat eine Besucherin ins Gästebuch geschrieben. In der Tat entdeckt man in diesem Museum viele kleine Behältnisse, die zum Aufbewahren von Rauchutensilien, Schmuck oder anderem Kleinkram gedient haben. Wer genau hinschaut, erkennt den Unterschied zu der Massenware, die vor allem nach chinesischen und japanischen Mustern auf den Markt kommt. Das hier sind Unikate, bis hin zu der winzigen Dose in der Form eines raffiniert verknoteten Liebesbriefes.

Der Kontrapunkt, quantitativ gesehen, ist der massive Thronsessel, den sich August der Starke von Sachsen (1670–1733) hat anfertigen lassen. Aus seiner Zeit stammt auch ein Arrangement, das die Museumsleute

"Dresdner Promenade" getauft haben. Der Mittelpunkt ist ein Kabinettschrank. Ihn rahmen zwei spätbarocke Vasen ein, deren sogenanntes Ponceau-Rot die Dekorelemente stärker hervortreten lässt. Dazu ein Tisch in einem ähnlich satten Rot und zwei Schatullen. Gemeinsam ist diesen und all den anderen Objekten des Hauses die Magie des Glatten, des Unbefleckten, des Schönen. Schönheit steht ja nicht eben im Zentrum des heutigen Kunstbetriebs, hier ist sie das Wichtigste.

Vieles in diesem Museum ist im guten Sinne des Wortes Kunstgewerbe, verfeinert durch die Aura des besonderen Werkstoffs. Es gibt allerdings auch eigenständige Kunstwerke aus Lack, zum Beispiel Gemälde. Eines zeigt, wie ein Ruderboot am Ufer anlegt. Der Mond scheint über einer Gruppe von sechs unfassbar fein gemalten Figuren. Etwas Geheimnisvolles geht von der kleinen Szene aus, das wohl ein anderes Material so nicht erreicht hätte.

2000 Objekte aus 2500 Jahren, davon 400 in der Dauerausstellung: Das Museum nimmt für sich in Anspruch, mit diesem Bestand führend auf der Welt zu sein. Sicher ist, dass man hier neben dem Genuss auch noch einiges lernen kann über einen Kunstbereich, von dem man vielleicht bis zu diesem Besuch nicht gewusst hat, dass es ihn in solcher Form überhaupt gibt.

Möglicherweise hat der Gast zu Recht vermutet, dass China und Japan Herkunftsländer der Lackkunst sind. Aber wenig bekannt ist die Tatsache, dass sie über den islamischen Orient, vor allem Persien, nach Russland und schließlich, im 16. Jahrhundert, nach Mitteleuropa gelangt ist. Es waren zunächst in erster Linie die Herrschenden, die sich an dieser Importware erfreuten. Doch dann wanderten auch die Materialien und die Techniken ihrer Verarbeitung ein. Einheimische Künstler machten sich daran, sie zu adaptieren. Das Dresden August des Starken war dabei nur eins von mehreren Zentren.

Die Räume des Museums für Lackkunst sind intim. Mit vielen Gegenständen ist der Besucher allein. Augenweide pur. Schwierig wird es, als ich allein das Spiel spielen will, das in der Familie üblich ist: Jeder muss am Ende eines Ausstellungsrundgangs sagen, was er am liebsten mit nach Hause nehmen würde. Nach einigem Hin- und Herlaufen entscheide ich mich für ein kleines Schreibkästchen von etwa 40 mal 20 Zentimetern. Die Erläuterung nennt es ein Suzuribako.

Die Schachtel stammt aus Japan, 17. Jahrhundert, Edo-Zeit. Sie enthält einen Tusch-Reibstein und einen Wassertropfer. Die Technik der Bemalung ist wieder einmal ziemlich kompliziert. Es ist die Rede von Schwarz- und Rotlack, von Dekor in Goldstreutechniken sowie von Einlagen aus Blei-Zinn-Legierung und Perlmutt. Alles schön und aufschlussreich. Aber ich gestehe, für mich am wichtigsten ist der auf dem Deckel dargestellte Hase, der sich aufgeschreckt im Schutz des Grases davonzumachen versucht.

Kabakov-Installation am Aasee
Unter der Kunst liegen

Ähnlich wie Hamburg und Hannover hat Münster das Glück, dass ein See bis unmittelbar an die City reicht. Wo das Flüsschen Aa in den ehemaligen Festungsring eintritt, beginnt der Aasee – neben der Promenade bietet er einen weiteren attraktiven Rundweg für alle, die sich bewegen wollen.

Er beginnt an der Adenauerallee und führt vorbei am Segelhafen und an einer Gaststätte mit dem sinnigen Traditionsnamen „Himmelreich", dann weiter durch sattes Grün. Nach weniger als einem Kilometer erreicht man einen Ort, an dem viele Passanten verdutzt stehenbleiben. Auf einer sanft ansteigenden Uferwiese ragt da ein Mast in den Himmel, der in mehr als zehn Metern Höhe ein merkwürdiges Gebilde trägt. Man könnte an eine in die Waagerechte gekippte Antenne denken.

Neugierig trittst du darunter und blickst gegen den Himmel auf ein Geflecht aus dünnen Metallstäben und Drähten. Offensichtlich sind das Buchstaben. Aber was soll das alles? Das Wetter ist gut, die Wiese trocken, du legst dich mit dem Kopf im Nacken ins Gras, um den Wortlaut zu entziffern. Du schaust nach oben und liest: „Mein Lieber, du liegst im Gras, den Kopf im Nacken."

So weit, so zutreffend. Aber der Text geht weiter: „... um dich herum keine Menschenseele, du hörst nur den Wind und schaust hinauf in den offenen Himmel – in das Blau dort oben, wo die Wolken ziehen – das ist vielleicht das Schönste, was du im Leben getan und gesehen hast." Donnerwetter, ein großer Anspruch. Für den Moment lässt sich wohl jeder verblüffen. Und verzaubern von der Phantasie des Künstlers.

Ilya Kabakov heißt der Mann, der diese Skulptur errichtet hat. Er gehörte schon zu Breschnews Zeiten zur russischen Avantgarde und wurde seit den Achtzigerjahren auch international immer bekannter mit seinen Objekten, mit denen er auf eine vielfältige Weise Themen des Alltags und der Gesellschaft – vor allem der russischen – reflektiert.

Das war und ist meistens ernst und hintergründig angelegt. Die Heiterkeit der Installation am Aasee fällt da ein bisschen aus dem Rahmen. Jedenfalls ist man versucht, länger im Gras liegen zu bleiben, in das Geflecht da oben zu schauen, die Gedanken mit den Wolken wandern zu lassen und zu hoffen, dass möglichst viele den Ort bei schönem Sommerwetter besuchen und unserem Beispiel folgen können.

Dabei ist der Russe nur einer von vielen international prominenten Künstlern, die ihre Spuren in Münster hinterlassen haben. Wie es dazu kam, ist eine Geschichte, die bei der inzwischen üblichen Begeisterung über die Stadt als eine weltweit bekannte Adresse für Skulpturenkunst zuweilen aus dem Blickfeld zu geraten droht.

Es war in der ersten Hälfte der Siebzigerjahre, als eine Kommission der Stadt empfahl, eine abstrakte Installation zu erwerben: „Drei rotierende Quadrate Variation II" des Amerikaners George Rickey. Die Arbeit besteht aus silbernen Platten, die sich, vom Wind angetrieben, in einem raffinierten kinetischen Spiel bewegen. Als Standort war eine parkähnliche, von vielen Menschen passierte Fläche an der Promenade vorgesehen.

Abstrakte Kunst tolerierten oder schätzten viele Menschen um diese Zeit schon, aber das galt so nur, wenn sie im Museum wohlverwahrt war. Im öffentlichen Raum löste und löst sie oft Stürme der Entrüstung aus. So auch in Münster: Das soll Kunst sein. Das kann ich auch. Und dafür noch Steuergelder ausgeben. Selbst als eine Bank das Objekt als Sponsor bezahlte, ebbte der Grimm nicht ab.

Aber die Skulptur wurde aufgestellt und blieb stehen. Einige Kunstliebhaber, darunter der weithin bekannte Museums- und Ausstellungsexperte Kaspar König, gingen noch weiter und beschlossen: Nun erst recht. Sie bereiteten für 1977 eine Skulpturenschau vor („Skulptur Projekte Münster"), zu der sie international bekannte Künstler einluden. Ein Teil der Objekte, die schließlich im Sommer zu sehen waren, kam ins Landesmuseum, aber vor allem größere Skulpturen verteilten die Macher über die Straßen und Freiflächen der Stadt.

Und wieder tobten die Elemente. Höhepunkt der Empörungswelle war ein nächtlicher Angriff von Studenten und braven Bürgern auf drei übermannshohe Betonkugeln, die der in Schweden geborene und in Amerika ausgebildete Künstler Claes Oldenburg am Aasee aufgestellt hatte. Aber der Versuch, einen der Bälle ins Wasser zu rollen und zu versenken, scheiterte an der stabilen Verankerung.

„Westfalia non cantat", so schrieb Kaspar König später über den Mangel an Sponsoren, aber er meinte damit ganz offensichtlich auch die allgemeine Beziehung der Münsteraner zu dieser Art von Kunst. Doch siehe da, bei der zweiten Schau zehn Jahre später sang Westfalen doch, zumindest ein wenig. Ein großes internationales Echo, das Lob der Fachleute und der Zulauf von Kunsttouristen neutralisierten einen Teil des wieder aufflammenden Protestes. Die dem Utilitarismus manchmal durchaus zugeneigten Münsteraner nahmen erfreut zur Kenntnis, dass der Bekanntheitsgrad ihrer Stadt und die Fremdenzahlen stiegen. Irgendetwas musste also doch dran sein an dieser merkwürdigen neuen Kunst.

Immer mehr Einheimische setzten sich mit ihr auseinander, und bei der dritten Veranstaltung im Jahre 1997 feierte Münster sich, die Kunst und die Tatsache, dass hier im Zehnjahresrhythmus ein Brennpunkt des internationalen Kunstbetriebs entstanden war. 2007 wurde endgültig zu einem rauschenden Erfolg, und seitdem laufen die Vorbereitungen für 2017.

Ein Teil der früher entstandenen Objekte wird dann wieder dazugehören, weil sie stehen geblieben sind. Die Guck-in-die-Luft-Installation von Kabakov zum Beispiel befindet sich seit 1997 am Aasee und wird dort bleiben. In unmittelbarer Nähe hat der geborene Kubaner Jorge Pardo einen wundersam in die Landschaft passenden hölzernen Pier mit einem Pavillon am Ende in den See gebaut. Leider fällt er immer wieder in die Hände von Graffitilogen. Auch jene drei „Giant Pool Balls" von Oldenburg, die 1977 Ziel der Aggression waren, liegen immer noch da und gehören zum Stadtbild, als wenn es sie schon viele Jahrzehnte gäbe.

Und so zieht sich durch Münster auch zwischen den Ausstellungen ein regelrechter Parcours von bedeutenden Beispielen neuer Kunst, die sich mit der Geschichte und der Ästhetik der Stadt auseinandersetzen. Manche sind nicht ganz leicht aufzuspüren. Aber mithilfe von Informationsmaterial (Hinweise dazu im Anhang) und etwas Findigkeit ergeben sie einen eigenen Rundgang. Kabakov könnte dabei ein Anfang oder ein Ende sein.

Tuckesburg
Das Haus eines Provokateurs

Die Szenerie grenzt ans Bizarre. Zunächst steht der Spaziergänger vor einem scheinbar sinnfreien Gebäude. Ein runder, zweistöckiger Turm mit Türöffnungen, die sich nicht recht entscheiden können, ob sie mehr romanischer oder eher gotischer Art sein wollen. Zwei von ähnlichen Bögen durchbrochene Mauern bilden eine Art Flügel. Auf dem Turm thront ein spitzes Reetdach, darunter glotzt eine übergroße steinerne Eule in die Gegend.

Ein paar Schritte nur sind es zu einem weiteren Unikum, der Tuckesburg, die sich allerdings im Sommer hinter so viel Grün verbirgt, dass sie regelrecht entdeckt sein will. Eine einmalige Mischung aus Ritterburg und Villa, gekrönt von einem Türmchen, das wie die stark verkleinerte Nachahmung eines Bergfrieds anmutet. In der Giebelwand ein rundes Relief, das einen massiven Männerkopf zeigt. Die Inschrift sagt, dass es sich um einen gewissen Dr. Hermann Landois handelt, Professor der Zoologie.

Die beiden architektonischen Querschläger, zwischen Promenade, Himmelreichallee und Hüfferstraße in Münster gelegen, gehören zur Hinterlassenschaft dieses Mannes, der von 1835 bis 1905 lebte. Seinen Namen kennt so gut wie jeder hier. Auch dass er sich um den Zoo verdient gemacht hat, gehört zum allgemeinen Kenntnisstand. Aber vor allem gilt er noch immer als der „unwiese" Professor, wie sie ihn zu Lebzeiten auf Plattdeutsch genannt haben, was in seinem Fall so viel heißt wie: ziemlich bekloppt.

Sein Leben lang neigte dieser Spross aus gutbürgerlicher Familie dazu, die Mitwelt zu provozieren. Aber er war viel mehr als eines jener Originale, an denen es der münsterischen Stadtgeschichte nicht mangelt. Er hat ein Naturkundemuseum gegründet und über 1000 wissenschaftliche Beiträge zu Themen der Zoologie veröffentlicht. Sein „Lehrbuch der Zoologie" war für die Entwicklung dieser Wissenschaft ebenso wichtig wie sein dreibändiges Werk über „Westfalens Tierleben in Wort und Bild".

Landois hat Romane in Mundart geschrieben, die deutschlandweit Beachtung fanden, zum Beispiel eine fünfbändige, teils satirische Reihe über das Leben seines Onkels Frans Essink – nicht nur auf Erden, sondern auch im Himmel. Ganz nebenbei ist er auch noch Geistlicher gewesen, der sich allerdings von der Kirche so lange entfernte, bis die ihn suspendierte, was im erzkatholischen Münster natürlich für gehöriges Aufsehen sorgte.

Das alles wird für viele überschattet von seinem Ruf als Exzentriker. Allerdings hat Landois an seinem Image als bunter Vogel fleißig mitgebastelt, wobei er aber stets nicht nur sein Ego bediente. Es ging vielmehr immer auch oder vor allem um sein Lebenswerk, den Zoologischen Garten.

Schon früh hegte er den Verdacht, dass die Städter sich damals, im 19. Jahrhundert, von der Natur entfremdeten. Dem wollte er mit dem Tierpark entgegenwirken. Dafür war ihm jedes Mittel recht, auch wenn er oft Spott erntete. Den Grundstein für den Zoo legte er 1875. An seinem Rande, unweit des Promenadenrings, baute er sich das merkwürdige Zwitterwesen von Wohnhaus, in dem er als selbst ernannter „Wildgraf Tuckes" bis zum Lebensende hauste – viele Jahre zusammen mit einer Nichte, einer Haushälterin und einem ausgestopften Affen namens Lehmann. Von diesem heißt es, er sei früh verblichen, weil er sich bei gemeinsamen Biergelagen als nicht so trinkfest wie sein Besitzer erwiesen habe. Aber möglicherweise ist auch das nur eines der vielen Histörchen, die Landois zum Stadtgespräch gemacht haben.

Bei dem Bau seines Wohnsitzes trieb er den in jener Zeit beliebten Historismus auf die Spitze. Aber ebenso viel Beachtung wie die Architektur fand der Name des Hauses. Landois behauptete wider besseres Wissen, er habe eine Festung namens Tuckesburg wiederaufgebaut, die im Mittelalter unweit dieser Stelle gestanden habe. In Wirklichkeit brachten an dem Platz auf einer Insel in der Aa die münsterischen Scharfrichter Verbrecher vom Leben zum Tode. Landois erfand die ganze Geschichte, um Menschen in seinen Zoo zu locken, die sich die Sache selbst ansehen wollten. Der Name aber blieb, auch wenn seine Herkunft weitgehend in Vergessenheit geriet.

Zu den Dingen, die den Professor zu einem Markenartikel machten, gehörte auch sein Habitus. Nicht nur in seinem Reich, sondern auch bei seinen vielen Gängen durch die Stadt kleidete er sich prinzipiell mit Gehrock und Zylinder. In der einen Hand trug er eine lange Krummpfeife, in der anderen einen Knotenstock. In diesem Aufzug erschien er auch, wenn er auf den im Winter oft überfluteten und zugefrorenen Aa-Wiesen vor der Stadt Schlittschuh lief. Kirchenvertreter baten ihn, den ausgemusterten Priester, einmal, die Kleidung zumindest zu kürzen, um Verwechslungen mit amtierenden Geistlichen zu vermeiden. Daraufhin antwortete er nur: Wenn diese Aufforderung noch einmal komme, werde er das gute Stück verlängern lassen.

Und dann die Geschichte mit dem Denkmal, die seinen Ruf als Kauz weiter festigte. Landois ließ sich überlebensgroß in Bronze gießen, natürlich mit Gehrock und allen sonstigen gewohnten Attributen. Der Zylinder allerdings war durchbrochen, darin saß ein Vogelnest. Er liebte nun mal die Vögel, was auch dazu führte, dass er einen Anti-Katzen-Verein gründete, was einige Mitbürger in ihrer Abneigung gegen den Herrn der Tuckesburg noch einmal bestärkte. Mit dem Vogel im Zylinder sei sein Kopf mal zu was nutze, soll er gesagt haben. Das Denkmal stellte er zu einem runden Geburtstag vor sein Haus, und er weihte es mit einem Festakt ein, bei dem er die Rede zu seinen Ehren sicherheitshalber selbst hielt.

In den Siebzigerjahren des vorigen Jahrhunderts machte der Tiergarten einem großen Bankkomplex Platz und zog als Allwetterzoo an den Stadtrand. Dort steht heute auch das Denkmal. Bei der Operation blieb so viel Parkgelände übrig, dass die Tuckesburg und das andere merkwürdige Gebilde, bei dem es sich um den Rest einer Voliere handelt, als ebenso skurriles wie beschauliches Ensemble stehen bleiben konnten. Das Haus diente eine Zeit lang noch als Galerie, heute ist es privat bewohnt.

Als sein ursprünglicher Bewohner 1905 nach einem Schlaganfall starb, strömten tausende zu seiner Beerdigung. Landois hatte polarisiert. Viele Spießer hatten ihn nicht nur als komische Figur verspottet, sondern heftig Anstoß an seinem Treiben genommen. Aber ein ansehnlicher Teil der insgesamt konservativen Bürgerschaft hatte erkannt und anerkannt, dass in dem Harlekin ein höchst engagierter und verdienstvoller Mann steckte. Der Eulenturm, die Tuckesburg und zum Beispiel eine im Jahre 2013 nach ihm benannte Realschule erinnern daran.

St. Mauritz
Briefe an Gott

Zugegeben, in diesem Fall ist Nostalgie im Spiel. Auf St. Mauritz, dem Stadtteil im Osten Münsters, haben wir nach dem Krieg die wichtigen Jahre verbracht, in denen das Kind zum Erwachsenen wird. Nachmittage mit dem Fußball statt mit Hausarbeiten. Gruppenstunden der katholischen Jugend, in denen es mehr um Tischtennis als um Religion ging. Die letzten Straßen mit Katzenköpfen. Das Grab der Eltern. Aber auch: das erste Referat des Lebens, vorgetragen mit heftigem Herzklopfen im Kunstunterricht. Thema: St. Mauritz, die als Einzige im Krieg heil gebliebene Kirche Münsters, und das dazugehörige Ensemble. Darum ist es schon ein besonderes Gefühl, wenn ich jetzt auf dem Kirchplatz stehe.

So müssen viele solcher Orte früher ausgesehen haben. Auf der einen Seite steht das weiße, behaglich wirkende Pfarrhaus, eine Freitreppe führt zum Herrn Pastor. Daneben ein ähnliches, etwas kleineres Gebäude, in dem damals die Bibliothek untergebracht war, die Quelle unserer frühen Leseerlebnisse. Gegenüber die Pfarrkirche. Dazwischen liegt der von hohen Linden überdachte und von Rasen bedeckte ehemalige Friedhof. Nur noch zwei verwitterte Grabsteine erinnern an diese einstige Funktion.

St. Mauritz ist ein Beispiel dafür, dass auch sehr unterschiedliche Stilepochen ein gutes Ganzes erzeugen können. Die Kirche ist aus einem Stift hervorgegangen, das seine Existenz bis ins Jahr 1070 zurückverfolgen kann. Aus dieser Zeit stammen Teile der beiden kleineren Türme, die den Chor flankieren, und Mauern des massiven, später mit einer Barockhaube aufgehübschten Hauptturms. Der Chorteil ist reine Spätgotik, das Langhaus hingegen neoromanisch, also aus dem 19. Jahrhundert, was aber erst beim näheren Hinsehen so recht deutlich wird. Dazu an der Außenmauer eine große Kreuzigungsgruppe, die wiederum auf den Barock zurückgeht. Eigentlich eine wilde Mischung, aber die Proportionen stimmen merkwürdigerweise.

Wann immer die Gelegenheit sich bietet, erweitere ich diesen stillen Winkel um einen Spaziergang. Er führt vom Kirchplatz nach Osten über die Sträßchen Sankt-Mauritz-Freiheit und Mauritz-Lindenweg, man erreicht darüber nach zwei oder drei Minuten den Prozessionsweg. Über ihn sind seit vier Jahrhunderten viele tausend Münsteraner die zwölf Kilometer zur „Gnadenmutter" Maria nach Telgte gepilgert. Ein grünes Gewölbe aus Laubbäumen ähnlich wie in der Promenade, gepflegte Anlagen rechts und links, Ruhe. Am Beginn steht, noch an der Straße, die erste Gebetsstation in Form eines Standbildes.

Auch ohne religiöse Absichten ist dies ein gemütlicher Weg. Als erster Zwischenhalt oder als Punkt zum Umkehren bietet sich nach einigen hundert Metern ein silbrig glänzender, mannshoher, zunächst rätselhafter Kasten an. Sein Geheimnis enthüllt die Lektüre des dazugehörigen Textes. Es handelt sich, passend zum Prozessionsbetrieb, um ein christliches Kunstwerk mit eigenem Charme. Der einheimische Künstler Klaus Wethmar, der es hier platziert hat, erklärt es so: „Jede(r) kann hier Briefe an Gott einwerfen. Dieser Briefkasten ist von Menschen nicht zu öffnen. Der Inhalt verbleibt auf Dauer darin geheim und ist nur dem Absender und dem Empfänger bekannt. Die Entwicklung eines Dialogs ist möglich. Der Briefkasten verbleibt an dieser Stelle. Leerungszeiten: augenblicklich."

Münsteraner, die sich um die Pflege des Prozessionsweges kümmern, berichten, dass die Reaktionen auf den seit 2008 stehenden Briefkasten unterschiedlich sind. Es gibt Menschen, die so etwas frömmlerisch finden. Andere sind fasziniert von dieser Form des Gesprächs mit einem nicht sichtbaren Gegenüber.

Haus Rüschhaus
*Annette von Droste-Hülshoff
und ihr Schneckenhäuschen*

Das ist nun wirklich ein Unikat: kein Bauernhof, keine Burg, kein Schloss, aber von allem ein bisschen. Rüschhaus fällt völlig aus dem Spektrum der münsterländischen Herrensitze. Dennoch wäre es sicher nicht so berühmt, wenn hier nicht die größte deutsche Dichterin ihrer Zeit, Annette von Droste-Hülshoff (1797–1848), 20 fruchtbare Jahre verbracht hätte, in denen viele wichtige Werke, so „Die Judenbuche", entstanden.

Das frühere Dorf Nienberge ist heute ein mit Rad, Auto oder öffentlichen Verkehrsmitteln schnell erreichbarer Vorort von Münster – und sozusagen ein Vorposten von Nienberge ist Rüschhaus. Wer durch die Allee auf das Anwesen zugeht, mag zunächst irritiert sein. Das Hauptgebäude ist nur eineinhalbgeschossig, und die Front beherrscht ein Tor, wie es in vielen Regionen bei Bauernhäusern üblich ist, damit Tiere und

Lasten unmittelbaren Zugang zur Deele/Tenne haben. Darüber der spitzwinklige Giebel ist dagegen bestes geschwungenes Barock. Rechts und links bilden zwei bescheidene Wirtschaftsgebäude eine Art Hof: eine Drei-Flügel-Anlage, wie sie der Adel in Barockzeiten so liebte, in bäuerlicher Miniaturform.

Wer um das lang gestreckte Haus herumspaziert, gerät in ein völlig anderes Ambiente. Er steht in einem weitläufigen Garten und schaut auf eine Fassade von nobler Herrschaftlichkeit. Das ist der richtige Standort für den, der sich in das Haus und in das Leben seiner berühmten Bewohnerin, Annette von Droste-Hülshoff, hineindenken will.

Die Rückfront hat dieselben Maße wie die vordere, aber hier führen acht Stufen zu einer großzügigen Tür mit Sprossenfenstern. Auch die sieben Zimmerfenster haben diese gemütlich wirkende und dennoch vornehme Kleinteiligkeit. Die Baustoffe, roter Ziegel und heller Sandstein, verraten dem Kenner schon, wer dieses originelle Ensemble errichtet hat. Johann Conrad Schlaun hat aber in diesem Fall nicht für andere, sondern für sich selbst gebaut. Rüschhaus, 1745 bis 1749 entstanden, war sein Landsitz. Er baute die prächtigsten Schlösser und Stadthäuser, aber für den eigenen Gebrauch schuf er eine Mischung von kleiner Residenz und Bauernhof.

Der vordere Trakt mit dem großen Tor bietet Raum für Ställe und andere landwirtschaftliche Funktionen. Der hintere Teil mit der eleganten Gartenfassade dient ganz dem Wohnen. Da gibt es auch repräsentative Zimmer wie den Gartensaal mit einem ausklappbaren Hausaltar, das Wohnzimmer im italienischen Stil und die große Küche mit offenem Feuer, Zentrum des Alltagslebens auch nach Schlauns Zeit.

Annette von Droste-Hülshoff kam hierher, als der Vater gestorben war und der ältere Bruder als neuer Familienvorstand das nur wenige Kilometer entfernte Geburtshaus, Schloss Hülshoff, für sich beanspruchte. Sie war bei diesem Umzug eigentlich nur die Begleiterin ihrer Mutter: Der Droste hatte Rüschhaus als ihren Witwensitz erworben. In den ersten Jahren lebte dort auch noch ihre Schwester.

Die Dichterin belegte drei kleine, niedrige Räume im Zwischengeschoss. Sie nannte diesen Trakt ihr „Schneckenhäuschen", womit sie vor allem ihr Wohn- und Arbeitszimmer meinte. Das klingt gemütlich, aber wer sich ein wenig mit der Biografie dieser übersensiblen, ständig kränkelnden, von Standesgenossen belächelten und vom Leben oft enttäuschten Frau beschäftigt, der mag dieses Wort auch anders, psychologisch, deuten: In ein Schneckenhaus kann sich die Bewohnerin verkriechen, um sich vor der Welt zu schützen, und wenn sie darin ist, hat sie eine Menge zu schleppen.

Wie sie den für sie wichtigsten Raum eingerichtet hat, zeigt eine von ihr selbst gezeichnete, naive Skizze. Tapeten mit blumigen Streifen, ein als Arbeitstisch dienender Schreibsekretär mit etwas Krimskrams, ein Klavier mit aufgeschlagenem Notenheft. Eine große, hochlehnige Couch, auf der sie gern mit untergeschlagenen Beinen saß, ein einfacher Tisch, darauf unter anderem ein Tintenfass mit Federhalter.

Das Klavier und einige weitere Gegenstände stehen heute noch in der Kammer, andere Möbel sind zeitgerecht ergänzt worden. Wer also an einer der regelmäßigen Führungen teilnimmt (ein individueller Rundgang ist nicht möglich), erlebt Annettes kleine Welt in ziemlich authentischer Form.

Sie selbst hat diese in Briefen immer wieder beschrieben, zum Beispiel so: „Es ist doch ein lieber, heimlicher Ort, das Rüschhaus! ... klein wie ein Mauseloch, aber doch sehr lieb." Ein andermal heißt es: „... denn überhaupt ist Rüschhaus einer der unveränderlichsten Orte ... wo man den Flug der Zeit am wenigsten gewahr wird ..."

Aus der Korrespondenz und aus Berichten von Zeitgenossen wissen wir viel über die manchmal fast schon bohèmehafte und dann wieder sehr bodenständige Lebensweise der Dichterin. Außerdem hat sich das Anwesen von dem Ambiente der Zeit vor 1860 so viel erhalten, dass man meinen könnte, sie vor sich zu haben in ihrem stillen Leben, von dem sie einmal schreibt: „Sie sehen einen Tag, damit haben sie alle gesehen."

Nach dem Aufwachen hilft ihr die frühere Amme, die sie aus Hülshoff mitgenommen hat, beim Ankleiden. Dabei lässt sich Annette mit Sicherheit nicht so überaus kunstvoll frisieren, wie die überlieferten Bilder sie zeigen und wie es in den höheren Kreisen jener Zeit üblich war. Nun legt sie sich wieder zu Bett, um zu lesen oder zu schreiben. Dort nimmt sie auch das mehr als einfache Frühstück ein, in der Regel Milch und Käsebrot. Sie arbeitet im Haushalt, schreibt wieder und beschäftigt sich mit literarischen oder naturkundlichen Themen. Auch das Mittagessen ist meistens befremdlich karg: Pellkartoffeln und Leber, „die ich den Sonntag warm und die übrigen Tage kalt esse".

Wegen der stets gefährdeten Gesundheit hat der Arzt ausgiebige Spaziergänge verordnet. So macht sie sich, oft allein, auf den Weg in die münsterländische Landschaft, die auch hier eher herb als lieblich ist und die sich heute noch, abgesehen von der nahen Autobahn, nicht so viel anders ausnimmt als damals. Wie viele Intellektuelle jener Zeit interessiert sich Annette für Gesteinskunde. Darum führt sie oft einen spitzen Hammer zum Steinklopfen mit und kehrt mit einer kleinen Sammlung heim. Die Erlebnisse bei diesen Exkursionen verwandelt sie gelegentlich in Literatur:

Wie zürnend sturt dich an der schwarze Gneis
Spatkugeln kollern nieder, milchig weiß
und um den Glimmer fahren Silberblitze.

Hinter dem Haus der Drostes liegt der ausgedehnte Garten mit einer stillen Gräfte und einigen Putten. Heute ist er wieder, wie Schlaun es gewollt hat, als Barockanlage hergerichtet, in der es sich gut wandeln lässt. In Annettes Zeiten ist der Garten etwas verwildert und dient der Produktion von Getreide, Flachs, Kartoffeln. Auch der vordere Teil des Hauses wird landwirtschaftlich genutzt, damit die Teilfamilie leben kann. Kühe, Schweine und mindestens ein Pferd gehören zu dem Anwesen.

Wenn sie wieder kränkelt oder das Wetter zu schlecht ist, begnügt sich das Fräulein mit einem Gang in diesen Garten. Ansonsten sitzt sie in ihrem Schneckenhäuschen und beschäftigt sich, solange sie nicht schreibt, mit ihren Sammlungen. Neben den Steinen bestehen sie zum Beispiel aus Uhren und Vogeleiern. Über das Abendessen berichtet sie: „... Warmbier und Butterbrot mit Käse. Es ist ein Glück, dass ich immer dasselbe essen kann."

Bei Einbruch der Dunkelheit zündet sie kein Licht an, sondern sitzt lange beim Schein des offenen Feuers in der großen Küche und strickt. Falls das Wetter es zulässt, geht sie auch spät noch mal nach draußen. In einem Ton, der an Eichendorff erinnert, schreibt sie über einen solchen Abend: „Sie glauben nicht, wie milde es war, wie duftig, dabei so sternenklar wie im Winter. Ich saß auf der Bank am Hause, ließ mir von den Nachtigallen vorsingen, von der Luft zuwehen und war ganz und gar sybaritisch gestimmt."

Offensichtlich genießt sie in der Tat das Idyll von Rüschhaus mit der dort garantierten Einsamkeit. Münster ist nur wenige Kilometer entfernt, aber in diesen Zeiten ist es immer ein größeres Unternehmen, dorthin zu fahren oder umgekehrt von der Stadt zu einem Besuch bei den Drostes aufzubrechen. So ist Annette oft über längere Zeiten allein mit ihrer Teilfamilie und dem Gesinde, was ihrem nach kulturellen Aufschwüngen dürstenden Geist nicht genügen kann.

Dass sie einiges entbehrt, wird deutlich, wenn sie zum Beispiel an einen Freund schreibt: „Sie können sich die Tiefe meiner Verschollenheit gar nicht denken!" Auch die Redseligkeit, mit der sie Besucher überfällt, zeigt nach Ansicht ihres Biografen Peter Berglar Eigenheiten, wie sie für vereinsamte Menschen typisch sind. Ein Freund wird nach ihrem Tod über diese Zwiespältigkeit ihres Lebens in der Abgeschiedenheit berichten: „Im Rüschhaus wurden ihre Nerven mitunter so reizbar, dass das Anschlagen der Glocke am Hoftor sie schon zusammenfahren machte und ihr Herzklopfen erregte."

Wer sich mit dieser Biografie und dem Rüschhaus beschäftigt, der sieht möglicherweise zwei zunächst nebensächlich erscheinende Teile des Anwesens mit anderen Augen. Schon bei der Anfahrt fällt der Blick auf ein Kunstwerk, das Richard Serra, der amerikanische Spezialist für große Stahlobjekte, zur münsterischen Skulpturenausstellung 1997 beigetragen hat. Serra wollte mit dem zwei Meter hohen stählernen Quader in ein Gespräch mit dem heiteren Barock Schlauns treten, des Erbauers und ersten Bewohners von Rüschhaus. Aber was hindert uns daran, in dem sperrigen, bewusst der Korrosion anheimgegebenen Klotz auch ein Symbol für das Schicksal einer großen, unglücklichen Frau zu sehen?

Und dann ist da der unmittelbar angrenzende Hochzeitswald, unterhalten vom Grünflächenamt der Stadt Münster. Zur Heirat oder bei einem Ehejubiläum können Paare aus acht heimischen Baumarten auszuwählende Schösslinge setzen lassen. Die Sektoren, die bepflanzt werden, sind nach Lebensstationen der Dichterin benannt. Das ist für Paare eine schöne Möglichkeit, sich nach einem aus dem Mittelalter stammenden Brauch in der Natur ein Denkmal ihrer Zuneigung zu schaffen. Aber an diesem Ort entbehrt die wiederbelebte Tradition nicht einer gewissen bitteren Ironie: Annettes Liebesgeschichten endeten unglücklich, und sie blieb in einer Zeit, als das ein Stigma war, ihr Leben lang unverheiratet.

Sinnespark Haus Kannen
Tönende Steine, murmelnder Bach

An einem übermannshohen Stein sind sieben ebenfalls steinerne Stäbe befestigt. Daneben hängt ein hammerähnliches Instrument aus Gummi. Wir schlagen damit auf die Stäbe und entlocken ihnen warme Töne und ganz bald auch kleine Melodien. Natürlich erinnern wir uns an das Xylophon unserer Kinder. In diesem Fall heißt das Musikinstrument aber wegen seines Materials Lithophon.

Etwas verborgen steht im Gebüsch eine geschwungene, silbrig glänzende Skulptur. Ähnlich wie früher die Kabinette auf dem Jahrmarkt zeigt sie uns mal mager, mal normal oder ganz dick. Das ist lustig und fordert das Sinnesorgan Auge heraus.

Dann ist da ein Feld, das wir, wie empfohlen, ohne Schuhe betreten. Es gibt Abteilungen mit Fein- und Grobkies, andere mit Sand und unterschiedlichen Hölzern. Wir merken, wie überraschend sensitiv die oft ja ledern anmutende menschliche Fußsohle ist und wie die Nervenbahnen wechselnde Effekte auf innere Organe übertragen.

Das sind drei der 15 Stationen, die der Besucher des Sinnesparks von Haus Kannen erleben kann. Haus Kannen liegt wenige Kilometer südlich von der münsterischen City und gehört zum Vorort Amelsbüren. Es ist ein eigener kleiner Kosmos mit einer auf viele Gebäude verteilten psychiatrischen Klinik. Die Alexianer, eine mehr als 800 Jahre alte katholische Ordensgemeinschaft, betreiben sie in der nach ihnen benannten Straße.

Vor fast 20 Jahren legten die Brüder den Sinnespark für ihre Patienten an. Eines Tages öffneten sie ihn aber für alle. Ein Ziel dabei war, die Schranken zwischen den Kranken und Behinderten auf der einen und der Gesellschaft auf der anderen Seite durchlässiger zu machen – und das zu einer Zeit, als noch niemand von Inklusion redete.

So durchschreitet der Besucher vom Parkplatz kommend größere Bereiche des normalen Betriebs. Patienten und Helfer pflegen die weitläufigen Anlagen, Gruppen gehen gemütlich spazieren, ein Café lockt. Am Rande des Geländes gerät der Gast in eine grüne Oase, die so wirkt, als hätten die Alexianer hier schon ein bisschen von dem für die nähere Zukunft geplanten Garten der Stille vorwegnehmen wollen.

Der Titel „Sinnespark" könnte an Esoterik erinnern. Aber die Richtung hier ist eine andere: Diese zwei Hektar große Anlage orientiert sich an den Erkenntnissen des Künstlers, Geistes- und Naturwissenschaftlers

Hugo Kükelhaus (1900–1984). Er war zunächst wie sein Vater Tischler und verband in seinen späteren Arbeiten stets Theorie und Praxis.

Kükelhaus beklagte, dass das Zusammenspiel von Natur und Mensch immer mehr auf der Strecke bleibe. Er kämpfte für eine „menschengemäße" Lebenswelt und erfand das „Erfahrungsfeld", das die Sinne wieder sensibilisieren soll. Die Alexianer von Amelsbüren bemühen sich, ihren Patienten und Besuchern ein solches „Erfahrungsfeld" zu bieten, auf dem Sehen und Fühlen, Hören und Tasten, Riechen und der Gleichgewichtssinn spürbar werden.

Ähnliche Parks gibt es auch in anderen Regionen. Wie sie funktionieren, zeigt uns kurz vor dem Gehen noch einmal ein durch den Garten führender Bach. Zunächst haben wir ihn gar nicht wahrgenommen, aber plötzlich hören wir in der Stille etwas gluckern. Und dann entdecken wir einen kleinen Wasserlauf, der so angelegt ist, dass er je nach Gefälle und Untergrund springt oder fließt, murmelt oder plätschert. Wann hat das ein Durchschnittsstädter zuletzt so gesehen und gehört?

Boniburg in Handorf
Eine ökologische Nische

Mia war die Magd von Schulze-Schwerbrocks in Angelmodde, heute ein Stadtteil von Münster. Eines Tages, als sie im Garten Wäsche aufhängte, traute sie ihren Augen nicht: Sie sah keinen Geringeren als Jesus auf dem Wasser der angrenzenden Werse wandeln. Er trug einen angemessenen weißen Umhang und segnete sie mit einem Zweig. Kurz darauf wurde auch der Schuster Lückenotto der Erscheinung ansichtig – bei ihm schwebte sie durch das Fenster seiner Werkstatt.

Bald herrschte helle Aufregung an den Ufern der Werse. „Das Wunder von Angelmodde" schrieb die Lokalzeitung. Die Kirche des kleinen Ortes ein paar Kilometer vor Münster war ständig gut besucht, und es tauchten Überlegungen auf, an der Stätte des Mirakels eine Kapelle zu bauen. Bis durch den Verrat eines Kameraden bekannt wurde, was sich da zwei Jungen hatten einfallen lassen: Der eine hatte sich mit einem Betttuch in einen Jesus verwandelt, und der andere hatte die im Bug eines Kahns stehende Figur die Werse runtergerudert. Die Ufer aber waren hier von der Art, dass Menschen aus der Distanz nur den aufgerichteten Heiland, nicht jedoch dessen pullenden Kumpan und das Boot sahen.

Otto Jägersberg erzählt diese offenkundig auf einer wahren Begebenheit beruhende Schnurre aus den Fünfzigerjahren des vorigen Jahrhunderts in seinem „westphälischen Sittenbild", das er im Haupttitel „Weihrauch und Pumpernickel" überschrieb (1964). In Münster und Umgebung konnten sich viele die Szene leicht vorstellen. Zum einen weil in der erzkatholischen Region die Empfänglichkeit für derartige Ereignisse damals immer noch groß war. Zum andern weil klar war, wie das mit dem über das Wasser wandelnden Jesus funktioniert hatte.

Die Werse fließt im Osten an Münster vorbei und vereinigt sich dann bald mit der Ems. Die ist breiter, bekannter und wichtiger, aber im Freizeitleben der Münsteraner und vieler Münsterländer spielt der kleinere Fluss die größere Rolle. Der „Werse Rad Weg", der sich auch für Fußgänger eignet, begleitet das Flüsschen über mehr als 120 Kilometer von Rheda-Wiedenbrück bis zur Mündung in die Ems. In Münster erreicht man die Route zum Beispiel da, wo die Werse die Wolbecker Straße unterquert. Von dort führt sie in Richtung Norden teilweise unmittelbar auf dem stadteinwärts gelegenen Ufer entlang, auch auf solchen Strecken, die sich für ein Mirakel wie das von Jägersberg geschilderte anbieten. Dann wieder gibt es Abschnitte, wo man sich an Annette von Droste-Hülshoff erinnert: „So sachte die Elemente, so leise seufzender Strichwind, so träumende Gewässer." Hohe Bäume neigen sich über die Ufer. Das Wasser ist träge und dunkel, manchmal steigen Blasen aus dem morastigen Untergrund. Enten lassen sich treiben. Insekten schwirren umher.

Natursucher waren hier schon immer unterwegs, zum Beispiel der junge Maler Otto Modersohn, der nach der Ausbildung zunächst in seine Heimatstadt zurückkehrte, noch nicht mit Paula Becker verheiratet war und gerade an der Werse gern nach Motiven ausschaute. Einem Freund berichtete er: „Wir ruderten bis zum Abend in aller Gemütlichkeit von Busch zu Busch und ruhten im Schatten aus. Abends brachten wir Schilf/Wasserrosen etc. mit nach Hause."

Vor allem südlich der Bahnstrecke und der Straße Münster–Warendorf wandert der Blick immer wieder hinüber auf Bootshaus-Idyllen am anderen Ufer. Nach dem Krieg, als wir hier manchmal paddelten, waren das noch kleine staubige Behelfshütten. Jetzt stehen da richtige Häuser. Kähne sind vertäut, Paddelboote liegen im Gras, das mit der Nagelschere geschnitten zu sein scheint. Ein Pärchen rudert gerade los, wie früher Modersohn und seine Begleiter.

An der Gaststätte Nobiskrug überqueren die Bahnstrecke und die Straße Münster–Warendorf die Werse. Hier wechselt der Radweg die Seite und führt nun auf dem östlichen Ufer in eine Gegend, in der es immer noch Reste einer Ausflugskultur besonderer Art gibt, denn hier liegt das Dorf der großen Kaffeekannen, wie Handorf früher hieß. Noch lange nach dem Zweiten Weltkrieg reihten sich hier Wirtschaften aneinander.

Sie lagen vorzugsweise an größeren Buchten, die sich an Flussbögen oder an Wassermühlen gebildet hatten. Für die gediegenes Amüsement suchenden Münsteraner hatten diese Gaststätten eine ähnliche Funktion wie der Biergarten für die Bayern oder der Heurige für die Wiener, nur dass es hier nicht um Alkohol ging, sondern um viel Kaffee und Berge von Kuchen. In Scharen wanderten oder fuhren sie die paar Kilometer hierher, es gab sogar eigene Kaffeezüge der Eisenbahn.

An diese Herrlichkeit erinnert eine Lokalität, die heute davon lebt, dass es sie nicht mehr gibt. Schon der Name: Boniburg ist eine Reminiszenz ganz eigener Art. Er geht zurück auf einen früheren Besitzer. 1875 erwarb Bonifatius Reichsgraf von Hatzfeldt-Trachenberg eine wenige Jahre zuvor an der Werse errichtete Villa. Bald darauf heiratete der Graf in zweiter Ehe eine steinreiche, aus Moldawien stammende Prinzessin namens Olga von Manonckbe. Die beiden bauten die Villa zu einer Art Schloss im Stil der Neorenaissance aus. Der Volksmund nannte das Anwesen bald nach dem Grafen die Boniburg und den umliegenden großen Park den Boniburger Wald. Irgendwann waren die Namen so bekannt und sogar amtlich, dass kaum noch jemand wusste, wo sie herrührten.

In den Zwanzigerjahren kaufte die Stadt Münster das Anwesen samt Park. Ein Pächter entwickelte daraus ein schon nach kurzer Zeit sehr beliebtes „Schlosshotel". Mit einem direkten Zugang zur Werse und mehreren Terrassen gehörte die Gastronomie bald auch zu dem Reigen der Kaffeewirtschaften, zu denen die Münsteraner zu pilgern pflegten. Im Zweiten Weltkrieg beschädigten Bomben das Gebäude, danach diente es als Notunterkunft für Flüchtlinge, bis ein Brand das Anwesen schließlich unbewohnbar werden ließ.

Ende der Siebzigerjahre machten der Sprengmeister und der Abrissbagger dem „Schloss" dann den Garaus. Mehrere tausend Kubikmeter Schutt wurden am Ufer der Werse entsorgt.

Aber wie sich die Zeiten und das Verhältnis zur Natur ändern: Die Geschichte der Boniburg fand eine originelle Fortsetzung. Die Stadtverwaltung kam darauf, dass der Flecken zu schade sei, um ihn zuwachsen zu lassen. Sie rekultivierte den Park und richtete das Grundstück, auf dem Schloss und Gaststätte gestanden hatten, als eine ökologische Nische her.

So stößt der Besucher, etwa am Ende eines Spaziergangs, einer Wanderung oder einer Radtour auf eine weite, halbwilde Lichtung. Sie ist umstanden von einem Mischwald mit riesigen Bäumen. Der mühsam abgelagerte Bauschutt ist ebenso mühsam wieder entfernt worden. Eine Aussichtskanzel gibt den Blick frei auf einen verwunschenen Altarm der Werse. Betonquader markieren den Grundriss der früheren „Burg". Wenige und unauffällige Bänke und Tische laden zu einem (mitgebrachten) Imbiss oder einfach zur Muße ein.

Einen Teil der Lichtung trennt ein Zaun ab. Dahinter reckt ein riesiger Baum nackte Äste in die Luft und erinnert ein bisschen an ein grotesk auf den Rücken gekehrtes Mammut. Eine Tafel informiert darüber, dass es sich um eine 1870 gepflanzte Blutbuche handelt. 2006 siegte sie mit 6,60 Meter Umfang bei einem stadtweiten Wettbewerb um den dicksten Baum. Aber zu dieser Zeit schwand ihre Lebenskraft schon. Nun ist sie völlig trocken und bietet Fledermäusen und anderem Getier Lebensmöglichkeiten. Abgesperrt ist ihr Einzugskreis wegen der Gefahren, die ein vor sich hin rottender Baum dieser Größe mit sich bringt.

Niemand versucht, den Niedergang dieses Prachtstücks als Teil des durch Umwelteinflüsse ausgelösten Waldsterbens darzustellen. Es geht um den Tod einer in Ehren alt gewordenen Pflanze, nicht mehr, nicht weniger. Gedanken über den Kreislauf der Natur, über Werden und Vergehen stellen sich ein.

Zwischen Münster und Telgte
*Böttchers Kunst- und Heidegarten:
Paradies eines Amateurs*

Zwischen Münster und Telgte liegt der weitläufige Waldfriedhof Lauheide, von dem viele sagen, er sei der schönste Gottesacker weit und breit. Die gleichnamige kleine Nebenstraße verbindet ihn mit dem münsterischen Stadtteil Handorf; sie benutzt auch der städtische Bus. Wer von dessen Endhaltestelle am Friedhof ein kurzes Stück Richtung Handorf geht, der stößt fast zwangsläufig auf ein niedliches, handgemachtes Schild. Darauf steht: „Böttchers Kunst- und Heidegarten". Ein anderer Hinweis besagt, dass die Anlage immer geöffnet ist und keinen Eintritt kostet.

Wer sich davon nicht reinlocken lässt, verpasst etwas, nämlich einen privaten Skulpturenpark, in dem der Besucher, wenn es gut geht, sogar allein ist mit einem wunderlichen Garten und etwa 200 originellen Hervorbringungen eines phantasievollen Kunstamateurs. Karl-Erich Böttcher heißt der Mann, und er ist ein Münsterländer wie aus dem Bilderbuch.

Böttcher geht auf die 80 zu und trägt einen präzise geschnittenen weißen Vollbart. Er wirkt drahtig, zupackend und hellwach. Immer mal wieder blitzt in den Augen der Schalk auf, vor allem dann, wenn er von seinen Streitereien mit Behörden und Nachbarn erzählt. Im Ernstfall möchte man nicht zu seinen Gegnern gehören.

Offenbar gehört er auch zu jenem Typ des Münsterländers, der zunächst den Eindruck erweckt, dass er am liebsten seine Ruhe haben und gar nichts reden würde, der sich aber als redegewandt und mitteilungsfreudig enttarnt, wenn er sein Gegenüber zu schätzen beginnt. In dieser Stimmung erzählt Böttcher gern vom Hobby seines Lebens.

Es begann vor gut drei Jahrzehnten damit, dass er ein abgebrochenes Bauernhaus kaufte und die Teile einlagerte. Es handelte sich um ein mächtiges, 200 Jahre altes Fachwerkgebäude mit drei Stockwerken. In den Neunzigerjahren begann er, das Haus auf einem Grundstück in der unmittelbaren Nachbarschaft des Friedhofs und gegenüber seinem Wohnhaus wieder zu errichten.

Als gelerntem und pensioniertem Landschafts- und Friedhofsgärtner war es ihm besonders wichtig, dass sein schmuckes Haus auch einen schmucken Garten bekam. Aber eines Tages reichte ihm das nicht mehr. Er fing damit an, die 12 000 Quadratmeter zu möblieren. Er tat und tut das mit Gegenständen, die er aus Fundstücken zusammengebaut hat. Unter seinen Händen erlebt das, was andere Abfall nennen, Metamorphosen zu einer Kunst, die sich in Grenzbereichen bewegt: Manches erinnert an die „arte povera", die ja gleichfalls mit „ärmlichen" Materialien arbeitet. Anderes kombiniert Naives mit politischen Aussagen. Wieder anderes sieht aus, als stamme es von seinen Enkeln.

Da hat er aus alten Telegrafenmasten eine steile Pyramide gebildet und diese mit quer darauf genagelten Eichenbrettern verziert: eine wohl acht Meter hohe, harmonische, abstrakte Figur, die das Auge überrascht und erfreut. Nach dem Reaktorunglück in Japan 2011 lagen zufällig weiße Backsteine herum, und ebenso zufällig tauchten Teile eines aus Plastikröhren zusammengesteckten Klettergerüsts für Kinder auf. Böttcher vereinigte sie zu einer Skulptur, die er, in künstlerischer Freiheit, „Fokoshima" betitelte, einfach so.

Oder er pflanzte massive Holzbalken in die Erde, für ihn eine Mahnung an den Terrorangriff auf das World Trade Center in New York 2001. Aufrecht stehende Steine hat er so behauen und mit den Konterfeis von Bürgern einer russischen Partnergemeinde bemalt, dass sie an die bekannten Babuschkas erinnern. Aber dann stehen da auch einfache Holzstücke herum, die sich unter seinen Fingern mit wenigen Farbstrichen in Gesichter verwandelt haben.

Eine Sammlung wie aus der Wundertüte. Der Kunstbetrieb schlägt gern Bögen um solche Sammlungen. Böttcher selbst verwendet zwar in der Bezeichnung für seinen Minipark das Wort Kunst. Aber er sagt auch: „Ich bin kein Künstler, höchstens ein Lebenskünstler." Er beteiligt sich nicht an Ausstellungen oder ähnlichen Veranstaltungen, sondern freut sich einfach an den Dingen, die er erzeugt, und wenn sie auch anderen gefallen, dann freut ihn das umso mehr.

Dabei bewundert er Henry Moore, den englischen Skulpteur, und andere Profis. Aber er möchte sie nicht als Vorbilder bezeichnen. Anregungen hat Böttcher vor allem auf vielen und weiten Reisen bekommen. Sogar von Neuseeland hat er Fundstücke mitgebracht und Ideen, wie er sie verarbeiten kann.

Die Wirkung von allem, was da unter seinen Händen teilweise wie zufällig entsteht, wäre wohl nur halb so groß, wenn es nicht in den von ihm geschaffenen Freianlagen an den richtigen Orten stände. Als Landschaftsgärtner weiß Böttcher, welche Pflanzen wohin gehören und welche Blumen oder Kräuter nebeneinander optimale Farbeffekte erzielen. Dabei hat es ihm besonders das Heidekraut angetan, das hier in mancherlei Sorten vorkommt und vor allem im Herbst so schön blüht, dass er es in den Namen seines Gartens aufgenommen hat.

Zusätzliche Effekte entstehen durch einen kleinen, tief gelegenen und natürlich auch bepflanzten Teich, über dem sich ein mit Skulpturen dicht besiedelter Hügel erhebt. Aber das alles darf nicht adrett oder gar gepflegt aussehen. Mit kleinen, gezielten Vernachlässigungen erreicht Böttcher jenen von ihm erwünschten Grad von Verwunschenheit, der es ihm erlaubt, von sich zu behaupten: „Ich lebe hier im Paradies."

Telgte
*König Melchior, Kardinal von Galen und
Paul, der Schwimmreifenmann*

Beim Spaziergang durch das Zentrum von Telgte steht da mitten auf der Straße ein Mann im Weg, der nicht wankt und nicht weicht. Er ist sehr groß und sehr schlank, trägt einen spitzen Bart, ein langes Gewand und eine Krone. In den Händen hält er ein Kästchen. Es handelt sich nicht um eine jener angemalten und in einer Pose erstarrten Figuren, die heutzutage in den Fußgängerzonen um eine Gabe betteln. Nein, es ist der König Melchior aus der Weihnachtsgeschichte.

Ursprünglich gehörte die Skulptur des Künstlers Bernhard Kleinhans (1926–2004) zu einer Krippenausstellung. Die Gemeinde hat sie 1995 hier, in der Herrenstraße, platziert. Seitdem ist Melchior eine Art Angelpunkt im „Telgter Dreiklang", bestehend aus Wallfahrtskapelle, Museum und Pfarrkirche. Das Städtchen, zwölf Kilometer östlich von Münster an der

Ems gelegen, ist für Westfalen das, was Kevelaer für den Niederrhein oder Altötting für Oberbayern ist. Aber im Vergleich zu diesen beiden Pilgerorten war es der breiten Öffentlichkeit weniger bekannt. Das änderte sich, als Günter Grass 1979 ein Buch mit dem Titel „Das Treffen in Telgte" veröffentlichte. Der spätere Nobelpreisträger für Literatur verlegte darin eine fiktive Zusammenkunft von Schriftstellern und Kritikern an diesen Ort. Die handelnden Zeitgenossen verfremdete er, indem sie Namen von Literaten aus dem 17. Jahrhundert bekamen. Das alles war natürlich ein Spiel mit der Gruppe 47, deren Mitglieder einander wie in der Realität des 20. Jahrhunderts aus ihren neuesten Arbeiten vorlasen und sich dann wechselseitig kritisierten. Seither kennen den Ort zumindest dem Namen nach so viele Menschen, wie es keine Tourismuswerbung hätte schaffen können.

Ein sehr katholisch geprägtes Städtchen ist Telgte auch danach geblieben; bis zu 100 000 Pilger kommen im Jahr hierher. Rund 9000 marschieren allein aus dem Osnabrücker Land an. Wenn die Wallfahrer mit Fahnen und Gesängen durch die engen Straßen ziehen, ist das jedes Mal großes Theater. Dann hat sogar König Melchior Mühe, sich im Gedränge zu behaupten.

Wer solche Aufläufe nicht schätzt, sollte die Stadt an diesen Tagen meiden. Es gibt genügend (vom Tourismusbüro, auch per Internet, zu erfahrende) pilgerfreie Zeiten. In denen ist Telgte ein gemütlicher, ruhiger und zum Müßiggang auffordernder Ort mit einem besonderen Ambiente. Wem dessen Frömmigkeit nichts sagt, der hat ja die Gelegenheit, es mit dem Blick des Kultur- und Brauchtumsforschers zu betrachten.

Vom Melchior sind es nur ein paar Schritte zur „Gnadenkapelle". Ein barockes Schmuckstück, achteckig, mit einer großen „Laterne" als Krönung. Das Innere ist leicht verrußt von den vielen Kerzen, die hier ständig brennen. Das eigentliche Ziel der Wallfahrer ist eine aus dem 14. Jahrhundert stammende Pietà, Künstler unbekannt. Die Skulptur aus Pappelholz wirkt etwas steif, aber trotzdem sehr ausdrucksstark. Jesus sitzt mit durchgedrücktem Rücken auf dem Schoß Marias. Bis vor 150 Jahren hat ein Arm der Figur noch heruntergehangen, doch dann fand der Bischof in Münster das unpassend, heute liegt er im Schoß der Mutter.

In die Stele, auf der die Figurengruppe steht, ist eine Reliquie eingelassen. Wer geglaubt hat, dass so etwas eher Sache des Mittelalters gewesen sei, mag sich wundern: In diesem Fall handelt es sich um das Fingerglied der rechten Hand, an dem Clemens August Kardinal Graf von Galen (1878–1946) seinen Bischofsring getragen hat. Von Galen, 1933 bis 1946 Bischof in Münster, war ein durch und durch nationalkonservativ gesinnter Mann, der zum Beispiel der Dolchstoß-Legende anhing, also der Ansicht, dass Deutschland den Ersten Weltkrieg durch die Feinde im Innern verloren habe. Im Dritten Reich gehörte er allerdings zu den sehr, sehr wenigen, die es auch öffentlich und konkret wagten, Unrecht als Unrecht anzuprangern. So verurteilte er 1941 in mehreren Predigten die systematische Ermordung von Behinderten („Aktion T4"). Die Texte kursierten in Kopien durch ganz Deutschland, manche nannten von Galen den „Löwen von Münster". Die Nazis wollten ihn hängen sehen, verschoben den Plan aber auf die Zeit nach dem Krieg.

Zu Telgte und zu der Figur Mariens hatte der Kirchenführer eine besondere Beziehung. Zeitweise soll er monatlich dort gewesen sein, und bei einer Wallfahrt predigte er auch hier gegen die Unmoral der Nazis. Allerdings hatte er nach dem Krieg keine Hemmungen, auch die Politik der Besatzungsmächte anzugreifen, vor allem die These von der Kollektivschuld der Deutschen, und wieder tat er das unter anderem in Telgte. Bei einem Besuch im März 1946 sagte er zu Verehrern, die ihn nicht gehen lassen wollten: „Nun macht, dass ihr nach Hause kommt. Ich komme ja noch oft genug nach Telgte." Wenig später war er tot.

Nur ein paar Meter sind es auch vom Melchior zum zweiten Teil des Dreiklangs, einem noch jungen Telgter Museum. In der Architektur wie in der Präsentation der Sammlung haben die Verantwortlichen alles getan, um sich von dem üblichen, in diesem Fall religiösen, Heimatmuseum zu entfernen. Der Architekt Josef Paul Kleihues (1933–2004) hat einen streng geometrischen Bau an einem äußerst sensiblen Punkt in die Altstadt eingepasst. Auch der Name sagt einiges über neue Sichtweisen. Die Einrichtung heißt jetzt „RELIGIO – Westfälisches Museum für religiöse Kultur" und soll sich allgemein um die Darstellung von Christentum und überhaupt von Religiosität kümmern. An der Spitze der Themen steht denn auch die Frage: „Wozu braucht der Mensch Religion?"

Der dritte Klang ist die wiederum nur ein paar Schritte von der Kapelle entfernte, weitgehend gotisch geprägte Clemenskirche mit einem romanischen Eichenholzkreuz und zehn Apostelfiguren. Am Kirchplatz findet sich einer der für solche Orte typischen

Devotionalienläden. In verwirrender Fülle hält er alles bereit, was fromm ist oder scheinen könnte – vom Fingerhut mit christlichen Motiven über Rosenkränze aller Art bis zu jenen Madonnenfiguren, wie sie die Kinderfrau uns einst geliehen hat, wenn wir, zu ihrer großen Genugtuung, Heilige Messe spielten.

Das Tourismusbüro verteilt Vorschläge für Rundgänge, die diese und andere religiöse Stationen miteinander verbinden. Aber wie viele dieser kleinen Städte ist Telgte, über seine Bedeutung als Pilgerstätte hinaus, kulturell ambitioniert. So zieht sich eine durch rote Steine im Pflaster angezeigte „Kulturspur" durch die Stadt. Sie führt zu bemerkenswerten Altstadthäusern, zum Kornbrenner-Museum, zum jüdischen Friedhof und zum Markt, wo unter anderem ein Denkmal für den früheren Stadtausrufer steht.

Vielleicht mehr durch Zufall entdeckt der Besucher von der Kirche kommend an der Ems eine Figur, die dort im dunkelgrünen Wasser treibt, wo eine kleine Brücke auf einen Inselpark führt. Ein Mann, beleibt, mit Badekappe, von einem Schwimmring getragen. Ein Scherz? Eine aufblasbare Figur, die es von irgendwo bis hierher getrieben hat? Nein, es handelt sich um „Paul, der Schwimmreifenmann". Paul ist aus Beton und war 2009 Teil einer Kunstausstellung zum Thema „Alltagsmenschen". Die Gemeinde hat ihn angekauft – wie um zu beweisen, dass sie mehr zu bieten hat als Katholizismus. Seitdem ist Paul im Winter eingelagert, aber im Frühjahr darf er, fest vertäut, sein beschauliches Dasein in der träge dahinfließenden Ems fortsetzen. Vom Alltagsmenschen Paul zurück zu seinem frommen Pendant König Melchior ist es keine Minute.

Vischering in Lüdinghausen
Die Burg der Burgen

Als wir in das Alter kamen, in dem Jungen entweder Karl May oder Rittergeschichten lasen, da gab es, kriegsbedingt, nur wenig einschlägige Bücher. Aber dann tauchte in der Familie ein Jugendbuch auf, das in Brandenburg spielte und mich faszinierte. Vor allem die Herren von Friesack und die Quitzows spielten darin rühmliche oder auch unrühmliche Rollen.

Ich stellte mir vor, wie ich mit ihnen zu Felde zog, wenn sie ihre Fehden austrugen. Wie wir, angetan mit schweren Rüstungen, durch die Landschaft sprengten und nach einem glorreichen Sieg mit der Beute auf unseren Pferden in die heimische Burg zurückkehrten. Das Buch ging dann verloren, ich suche noch heute nach einem Ersatz.

Was die lange gebliebene Faszination von Rittern und Burgen anging, merkte ich allerdings auf unseren ersten Fahrten durchs Münsterland, dass ich kein Brandenburg brauchte. „Land der Burgen und Schlösser" können sich mehrere deutsche Regionen nennen. Aber wohl in keiner ist die Dichte an Adelssitzen so groß wie im Münsterland. Hier gibt es so viele, dass die Tourismusindustrie eine Hundert-Schlösser-Tour erfunden hat. Dabei reicht das Spektrum vom großen Bauernhof mit Wassergraben bis zur glanzvollen Barockanlage von Nordkirchen, das fast am nördlichen Rand des Ruhrgebietes liegt und sich gern „Westfälisches Versailles" nennen lässt.

Die meisten dieser Burgen (oder ehemaligen Burgen) gehören wegen der topografischen Situation zur Gattung der Wasserburg. Das Land ist flach, da muss der Graben, hier Gräfte genannt, die Hügel oder den Fels ersetzen, auf denen die Höhenburgen thronen. Der Inbegriff dieses Typs wurde für mich Vischering im Landstädtchen Lüdinghausen. Es gibt größere, stattlichere, pompösere Burgen, aber Vischering verkörpert das Mittelalter so authentisch wie kaum eine andere. Darum entscheide ich mich bei Ausflügen oder Empfehlungen selbst dann für diese Burg, wenn ich weiß, dass dort ein paar Menschen mehr sind, als ich sie normalerweise an einem solchen Ort anzutreffen hoffe.

Zumal es Möglichkeiten gibt, sich dem Andrang zu entziehen. Natürlich kann man sich damit begnügen, über das Vorwerk die Hauptburg zu betreten, dort auf den Wehrgang zu steigen und die als Museum hergerichteten Innenräume zu besichtigen. Aber lohnender ist es, zunächst einen Spaziergang entlang der Gräfte zu machen. Der Weg rund um die Burg führt durch einen lichten Wald, in dem seltene Vögel nisten. Den breiten Graben speist die Stever, ein Flüsschen. Wenn der Feind anrückte, konnten die Verteidiger als zusätzlichen Schutz die Wiesen und den Wald fluten.

Man bleibt stehen und reibt sich vielleicht beim ersten freien Blick die Augen. Aus dem dunkelspiegelnden Wasser steigt eine Burganlage von seltener Harmonie, gekrönt von einem schlanken Turm. Die Fachleute sprechen von einer Ringmantelburg. Zu fast drei Vierteln ist der für diesen Burgtyp charakteristische Kreis von den Wohngebäuden besetzt, zum andern Viertel von einem Wehrgang, von dem aus die Insassen den Feind über das Wasser hinweg beschießen konnten. Im Mittelalter gab es nach außen so gut wie keine Fenster, da hatte die Wehrhaftigkeit absoluten Vorrang.

Im 16. Jahrhundert haben die Eigentümer einige Fenster in die Außenmauern brechen lassen. Sie sind heute mit weiß-roten Läden versehen, die das vielfach geflickte graue Gemäuer auf eine fast fröhliche Art auflockern. Und da drüben eine vorspringende Auslucht, das könnte die sein, die früher als Abtritt gedient hat, mit direkter Verbindung zum Wassergraben.

Immer neue Blicke auf immer neue Details bietet der kleine Rundkurs. Also lohnt es sich, hier und da zu verharren, ehe man doch das Vorwerk betritt. Dort betreibt der Kreis Coesfeld, der die ganze Anlage vom Besitzer gepachtet hat, eine Kunstgalerie und andere Kultureinrichtungen, außerdem gibt es die übliche Gastronomie, hier mit rot-weiß karierten Tischdecken und bodenständiger Kost. Über die Zugbrücke geht es in die Hauptburg. Der runde Innenhof wirkt überraschend klein. Er ist mit Kopfsteinen gepflastert; ein

Kreis ist noch zu erkennen, da hat der im Laufe der Zeit überflüssig gewordene Bergfried gestanden. Wer schließlich den Wehrgang besteigt und über die Gräfte hinüber ins Umland schaut, der kann sich für einen Moment als der Burgherr fühlen, der Ausschau hält, ob Freund oder Feind heranreitet.

Das Museum ist mit historischen Möbeln und Gerätschaften ausgestattet, zum Beispiel mit einem prächtigen Baldachinbett aus der Renaissance, dazu mit den in solchen Häusern üblichen Folterinstrumenten aus alter Zeit. Als Relikt aus der Epoche, in der der Burgherr die Gerichtsbarkeit hatte, stammt ein Fußblock, der von dem praktischen Denken jener Zeit zeugt. Das Stück war so breit, dass drei Delinquenten gleichzeitig ihre Füße hineinlegen konnten. Sie wurden fixiert durch einen zweiten Block. Auf diesem wiederum war eine Vorrichtung angebracht, die zum Fesseln der Hände diente.

Auch Vischering ist natürlich kein Mittelalter pur. Vieles haben die Eigentümer irgendwann mal modernisiert. Aber die Entwicklung verlief hier doch um einiges anders als andernorts, was dieser Burg heute einen besonderen Charme verleiht.

Als das Kriegshandwerk nach dem Mittelalter immer raffinierter wurde, hielten eines Tages auch starke Mauern nicht mehr den Kanonen stand. Dadurch verloren die Burgen ihre Funktion als Wehranlagen. Gleichzeitig wuchs das Bedürfnis nach Lebensqualität und Komfort bei den Adeligen. Darum bauten sie ihre Burgen in vielen Schritten zu Schlössern um.

Vischering war seit dem 13. Jahrhundert im Besitz einer Familie, die sich später die Drostes zu Vischering nannten. 1521 legte ein Brand größere Teile in Schutt, die Drostes bauten sie nach dem Stand der Wehrtechnik wieder auf, aber eines Tages am Ende des 17. Jahrhunderts fanden sie das nahegelegene Schloss Darfeld, das ihnen gleichfalls gehörte, netter. Im Gegensatz zu anderen Standesgenossen ließen sie aber ihren früheren Sitz nicht verfallen, sondern motteten ihn sozusagen ein, indem sie stets das taten, was zur Erhaltung unumgänglich war. So blieb die Anlage in dem Zustand, in dem sie zu Beginn der Neuzeit war, konserviert. Fast zwei Jahrhunderte dauerte dieser Dämmerschlaf, ehe die Drostes den alten Familienbesitz reaktivierten.

So kommt es, dass Vischering von den Burgen weit und breit am meisten von seinem mittelalterlichen Charakter bewahrt hat. Und das wiederum ist der Grund, warum sie mir immer als Erstes einfällt, wenn ich ein vor fast 40 Jahren erschienenes Buch in die Hand nehme, das den Titel trägt: „Burgen, die im Wasser träumen".

Nottuln und der Baumeister Johann Conrad Schlaun
Ein Ehekrach und seine Folgen

Das Zentrum eines herkömmlichen Landstädtchens besteht aus Kirche, Rathaus, Geschäften und gastronomischen Einrichtungen. Wer in das etwa 30 Kilometer südwestlich von Münster gelegene Nottuln kommt, der stößt auf ein ganz anderes Ensemble. Zwischen einer Perlenschnur barocker Bauten und der Kirche St. Martinus liegt ein weiter baumbestandener Platz, der Stiftsplatz, der zum Bummeln, Wundern und Sinnieren einlädt.

Die originelle Anlage ist das Ergebnis eines großen Unglücks, das sich im Nachhinein als Glück herausstellte, zumindest was die Architektur des Ortes angeht. Die Katastrophe begann am 3. Mai 1749, um die Mittagsstunde. Heinrich Kösters, Kuhhirte und wegen seiner Haarfarbe „schwatter Hinrich" genannt, kam hungrig nach Hause. Da er seine Frau nicht antraf, wollte er selbst sich am offenen Feuer einen Pfannkuchen backen. Als das Öl heiß war, kam auch Frau Kösters heim.

Die beiden begannen einen Streit, der sich zum Handgemenge steigerte. Dabei lief wohl brennendes Öl aus. Die Küche geriet in Brand, dann das Haus, dann große Teile des Ortes und dann auch noch die Kirche. Der Historiker Hans-Peter Boer hat dieses Ereignis in dem Buch „Lüninge" samt den bis heute sichtbaren und für Nottuln vorteilhaften Folgen geschildert.

Zunächst allerdings war natürlich die Bestürzung groß. 240 Häuser lagen in Schutt und Asche, dazu zwölf Wohnungen und Gebäude, die zu einem Stift für adelige Damen gehörten. Zudem war die architektonisch bedeutende gotische Kirche stark beschädigt.

So etwas geschah in jenen Zeiten öfter, vor allem wenn – wie in diesem Fall – viele Häuser mit Stroh gedeckt waren. Schon bei leichtem Wind breiteten fliegende Funken das Feuer aus. Aber selten erstanden die verheerten Gemeinden in so durchorganisierter Form wieder.

Schon wenige Tage nach dem großen Feuer erschien mit einem Trupp von Helfern der weitum bekannteste und beste Architekt auf der Bildfläche, um den Wiederaufbau einzuleiten: Johann Conrad Schlaun, Generalmajor der Artillerie und Überlandingenieur, so sein voller Titel.

Schlaun kam aus kleinen Verhältnissen und wuchs in Ostwestfalen auf. Der 1695 geborene Junge, heißt es, sei als Schüler kein Leistungsträger gewesen. Aber der junge Mann mit dem energischen Kinn und der eindrucksvollen Nase genoss eine gediegene Ausbildung –

zunächst als Landvermesser, dann als Architekt. Er lernte von den Großen des Faches, zum Beispiel von dem damals schon berühmten Süddeutschen Balthasar Neumann. Auch in Italien und Frankreich schaute er sich um. Der Kölner Kurfürst und Erzbischof Clemens August I., der zugleich Bischof des Hochstifts Münster war, schob ihn schließlich auf die Startrampe zu einer großen Karriere.

Erst lange nach dem Zweiten Weltkrieg machte die Arbeit von Kunstwissensschaftlern wirklich sichtbar, mit welch unerschöpflicher Phantasie und Kraft Schlaun überall in Münster und in der gesamten Region Spuren hinterlassen hat. Für nichts war er sich zu schade. Er baute alles, was an Aufträgen denkbar war. Das ging vom kleinen Pavillon – einer steht noch heute in einem münsterischen Privatgarten – über das Zuchthaus bis hin zum riesigen Residenzschloss an der Peripherie der City, heute Zentrum der Universität. Als eine der reizvollsten Leistungen Schlauns gilt der Erbdrostenhof in der Altstadt, ein raffinierter Diagonalbau, leider nicht zugänglich, aber auch von außen eine Augenlust.

Wie für Baumeister des Barock typisch, beschränkte Schlaun sich nicht auf einzelne Gebäude, sondern er plante große Gartenanlagen und ganze Viertel, wie den Promenadenring von Münster und eben den Ortskern von Nottuln.

Trotz seiner Vielseitigkeit hätte Schlaun wohl kaum dort eingegriffen, wären da nicht die adeligen Damen gewesen. Seit dem frühen Mittelalter saßen hier Nonnen in einem Kloster, das dann Anfang des 15. Jahrhunderts in ein freiheitlich-adeliges Damenstift umgewandelt wurde. Ledig gebliebene Frauen lebten in einer lockeren Glaubensgemeinschaft zusammen. Bedingung für die Aufnahme war eine mindestens vier Jahrhunderte zurückzuverfolgende Herkunft aus einem Rittergeschlecht.

Seit jeher hatten die frommen Damen eine Reihe von sehr weltlichen Rechten. Auch verfügten einige der Fräulein über so viel Geld, dass sie es den Bauern und Handwerkern gegen Zins leihen konnten. Bei dem großen Brand, heißt es, seien viele Nottulner gesehen worden, wie sie auffällig lange mit der Hilfe bei der Rettung des Mobiliars aus den Stiftshäusern zögerten. Das Motiv war, wie Boer schreibt, schlicht: In den Truhen und Schränken ruhten die Schuldverschreibungen – und ohne Urkunde keine Schuld. Auch sonst war das Verhältnis zwischen den Damen und dem Rest der Bevölkerung nicht immer spannungsfrei, weil Erstere bisweilen durchaus ihre Macht ausspielten.

Schlaun musste sich um solche Beziehungsprobleme nicht scheren und ging mit der ihm eigenen Großzügigkeit und Liebe zur Geometrie zu Werke. Er entwarf einen nagelneuen Grundriss für den Ort und baute den Stiftsdamen prächtige Häuser, die sich bis heute an dem durch den Ort fließenden Nonnenbach aneinanderreihen.

Das eindrucksvollste ist die „Kurie von der Reck zu Steinfurt". Zwei hohe, pyramidenförmig beschnittene Taxusbäume stehen vor dem Brückchen, das wie bei den anderen Stiftsgebäuden über den Bach führt. Sieben Achsen mit Sprossenfenstern, ein herrschaftliches Wappen über der Eingangstür und andere Details geben dem Haus etwas Palaisartiges. Damals wohnte hier Maria Anna von der Reck, zuerst Küsterin, dann seit 1750 sehr energische Äbtissin. Heute ist hier ein Teil der Gemeindeverwaltung untergebracht, das elegante Zimmer der Dame von der Reck ist als Trauzimmer begehrt.

Insgesamt erinnert die Anlage mit ihrer großzügigen Noblesse ein bisschen an französische Städte aus jener Epoche. Wenn man sich Autos und einige andere Dinge wegdenkt, könnte man sich in die Zeit Schlauns versetzt fühlen. Das unverkennbar münsterländische Gegenstück liegt jenseits der Kirche St. Martinus: Dort befindet sich ein Denkmal, das Pastorat und alles, was zu einem klassischen Kirchplatz gehört.

Fast ein Jahrzehnt arbeiteten Schlaun und sein Team in Nottuln. Dabei ließen sie auch die Kirche in verschönerter Gestalt wiedererstehen. Die Turmkapelle allerdings ist erst in jüngster Zeit neu ausgestattet worden. Dort steht der Besucher jetzt unversehens vor einer mit Glas bedeckten und von innen magisch erleuchteten Grube. Sie gibt den Blick frei auf einen Sarg, der aus einem einzigen Eichenstamm besteht, groß wie ein Indianer-Einbaum. Darin wiederum liegt eine kleine neuzeitliche Schachtel mit den ausgegrabenen Gebeinen einer gewissen Heriburg. Sie war die erste Äbtissin von Nottuln und die Schwester jenes Liudger, der die ganze Region im frühen Mittelalter christianisiert hat.

An den Schöpfer des neuen Nottuln erinnert eine Skulptur, die vor der „Aschebergschen Kurie", dem heutigen Rats- und Sitzungshaus der Gemeinde, steht. Schlaun hält eine Papierrolle mit Bauplänen in der Hand und schaut etwas grimmig, aber durchsetzungsfähig drein, und wieder fällt sein gewaltiger Zinken ins Auge. Bei den damaligen Einwohnern, vor allem bei den Bauern, war der Architekt nicht so beliebt wie heute, weil er sie energisch zu Hand- und Spanndiensten verpflichtete.

Nicht alles ist so gediehen, wie Schlaun sich das gedacht hat, auch aus Kostengründen. Aber Nottuln mehrte seinen Ruhm, und er mehrte den Ruhm Nottulns. Einer allerdings hat die Früchte des Baubooms nicht genossen. Der „schwatte Hinrich", der durch den Konflikt mit seiner Ehefrau den Brand ausgelöst hatte, zog, wie der Autor Boer herausgefunden hat, in ein Nachbardorf.

Das Steinfurter Bagno
*Zwei kunstsinnige Grafen
und ihr Vermächtnis*

Jogger schnüren vorüber. Eine alte Dame trippelt am Rollator zur nächsten Bank. Kinder turnen an Geräten und spielen Ball. An einem See warten aufgereihte Ruderboote auf Mieter. Eine Parkanlage wie viele. Scheint es.

Aber einiges ist doch sofort auffällig. So steht auf einer Insel eine ganz offensichtlich künstliche Ruine. Zur Normalausstattung eines solchen Parks gehört auch kein barocker Konzertsaal, aus dem gerade die Töne von probenden Musikern perlen. Was hat es mit dem ausgedehnten Quadrat auf sich, das in den Boden eingelassene Bänder aus Betonplatten bilden? Und wie kommt dieser seltsame Name hierher ins tiefe Münsterland?

Bagno heißt der Park, der in einem Teilbereich auf engem Raum so viele Merkwürdigkeiten versammelt.

Er liegt zwischen Burgsteinfurt und Borghorst, zwei früher getrennten Städten, aus denen die Gebietsreform 1975 eine gemacht hat. Sie heißt Steinfurt, von Münster erreicht man sie nach etwa 30 Kilometern in nördlicher Richtung.

Die Anlage und ihr Name gehen zurück auf zwei in die Natur und in die Kunst verliebte Grafen. Lange bevor zum Beispiel Fürst Pückler seine später berühmten Parks von Branitz und Muskau schuf, brachten sie ein Stück Gartenkultur ins agrarische Münsterland.

Auf Gemälden schauen die Herren, Vater und Sohn, leicht melancholisch drein. Das Gesicht des Grafen Karl Paul Ernst zu Bentheim-Steinfurt (1729–1780) wirkt etwas grob, vor allem dank des energischen Kinns. Sein Sohn Ludwig (1756–1817) dagegen hat den Kopf eines Feingeistes, mit sehr dunklen Augen und Augenbrauen.

Schon ihre Lebensgeschichten sind bemerkenswert. Der Stammsitz der zu Bentheim-Steinfurts liegt am nördlichen Rand des Parks. Die Wasserburg Burgsteinfurt ist eine der schönsten ihrer Art, aber leider nicht zugänglich, weil die Familie sie bewohnt. Im Vorfeld ließ der Senior den Eichenwald roden und legte bis zum Ende seiner Regierungszeit (1780) einen französischen Park an, wie er ihn auf seinen Reisen kennen und lieben gelernt hatte: streng symmetrische Blumenrabatte, ebenso geometrisch ausgerichtete Alleen, künstliche Wasserspiele. Zu diesem Ensemble gehörte auch eine von Wassergräben umgebene Sommerresidenz mit diversen Pavillons, die im Viereck angeordnet waren. Einer dieser Pavillons enthielt ein Badehaus, das dann dem Ganzen den italienischen Namen verschaffte. Die Residenz fiel schon ziemlich bald der Spitzhacke zum Opfer, an die damaligen Wassergräben erinnern die heute ins Auge fallenden Betonplatten.

Vater und Sohn sannen auf immer neue Attraktionen. Der jüngere Graf sagte von sich, er habe eine „manie des jardins", also eine Gartenmanie. So wollte er unbedingt eine „Große Fontäne" installieren, und von dieser Idee war er so begeistert, dass er ihretwegen sogar seinen Ruf riskierte. Als Vorbild hatte er sich nämlich die Fontäne ausgesucht, die der Landgraf von Hessen in Kassel-Wilhelmshöhe besaß. Dieser aber hatte bei Androhung von Strafe verboten, dass andere die dazugehörige Apparatur in Augenschein nahmen.

Also bestieg der Graf aus dem Münsterland nächtens mit zwei Experten einen Nachen und ließ sich heimlich zu dem Felsen in Kassel rudern, wo sich die Fontäne befand. Beim Nachbau genügte ihm allerdings kein einfaches Plagiat, sondern er legte Wert darauf, dass seine noch größer, noch prächtiger wurde. Sie erreichte schließlich eine Springhöhe von 28 Metern, konnte aber nur fünf Minuten sprühen, weil dann der Wasservorrat erschöpft war. Entsprechend selten ging sie in Betrieb, wie der Bagno-Experte Wolfgang Lübbers berichtet hat.

Zeitweise gab es in dem Park an die 40 Bauwerke höchst unterschiedlicher Art: eine türkische Moschee, einen chinesischen Pavillon, eine maurische Hütte, einen Merkur-Tempel nach römischem Vorbild, eine eigene Küche in Form eines Schweizer Hauses und vieles mehr. Im Unterschied zu anderen Parkliebhabern setzten die Grafen das alles nicht nur in die Welt, um sich zu ergötzen und den Standesgenossen zu imponieren. Sie sahen vielmehr in ihrem Werk auch eine Möglichkeit, Gäste anzulocken und dadurch den Wohlstand in ihrem Duodezreich zu heben. Wie Zeitgenossen berichten, funktionierte dieses frühe Tourismus-Marketing.

Allerdings regte sich auch Kritik an ihrer Art, den Park immer dichter zu bebauen. Einiges brach die Familie darum selbst schon wieder ab, anderes verfiel später. Zu den bis heute erhaltenen Bauten gehört als wichtigster die barocke Konzertgalerie, die auf die innige Liebe beider Grafen zur Musik zurückgeht. Sie spielten hervorragend Flöte und wirkten vollberechtigt mit, wenn das von ihnen eingestellte professionelle Orchester in dem Konzerthaus auftrat. Auch davon profitierten die Untertanen, denn der Park war für jedermann geöffnet und der Saal so angelegt, dass flanierende Besucher den Konzerten durch die geöffneten Türen lauschen konnten.

Nach dem Regierungswechsel vom Vater auf den Sohn wandelte sich der Charakter des Parks. Ein Trend ging Ende des 18. Jahrhunderts vom französischen zum englischen Park. Das bedeutete die Abkehr von den strengen und Hinwendung zu den natürlicheren Formen. Dem Spaziergänger sollten sich immer neue Perspektiven öffnen. Dazu dienten große Rasenflächen mit teils exotischen Bäumen, die entweder als Solitäre oder in kleineren Gruppen dastanden. Wege schlängelten sich, Wasserfälle ahmten die Natur nach.

Der Junior folgte diesem Trend, bis Napoleon nach seinen Siegen über Deutschland ihm 1806 die Macht entzog. Die Reichsgrafschaft Steinfurt verlor, wie viele solcher Kleinherrschaften, ihre Selbständigkeit. Damit schwanden auch die finanziellen Möglichkeiten, eine so luxuriöse Anlage zu unterhalten oder gar auszubauen. Graf Ludwig reiste zwar nach Paris, um für seine Souveränität zu kämpfen, aber ohne Erfolg. Jahrelang blieb er in Frankreich; gekränkt und frustriert kehrte er 1817 heim und starb bald darauf.

Da die Nachkommen sich wenig engagierten, fiel der Park in einen Dornröschenschlaf. Viele Bauten verkamen und mussten abgerissen werden. Auch in diesem Zustand war die Anlage nicht ohne Charme. Aber erst um die Jahrtausendwende lebte sie wieder richtig auf. 1997 erstand das Konzerthaus in alter Pracht, und eine ökologisch und denkmalschützerisch ausgerichtete Sanierung im Jahre 2004 machte die Geschichte, die Bedeutung und die Schönheit des Parks wieder ganz sichtbar.

Heute steht das Bagno mit seinen mehr als 170 Hektar für lange Spaziergänge bereit, ein Rundweg ist fast vier Kilometer lang. Wer ihn unternimmt, hat viel Gelegenheit, sich anhand von Tafeln zu informieren und die Spuren des zuerst französischen, dann englischen, schließlich deutschen Parks mit italienischem Namen zu entdecken. Aber auch wer sich für solche Details nicht sonderlich interessiert, sollte eine Minute der Erinnerung an zwei Männer einlegen, die sich einen Traum erfüllt und der Nachwelt ein stolzes Vermächtnis hinterlassen haben.

Heimaten

Vordem war die Sache einfach: Heimat, das ist der Ort, die Landschaft, wo eine/einer auf die Welt kommt, heranwächst, arbeitet, Kinder kriegt, sich zu Hause fühlt und eines Tages ins Grab sinkt. Seit dem Beginn des 19. Jahrhunderts aber haben immer neue Mobilitätsschübe die Gesellschaft durcheinandergewirbelt. Heute ist es fast die Ausnahme, dass jemand das Leben dort beschließt, wo es begonnen hat.

Die Menschen reagieren unterschiedlich auf die erzwungene oder freiwillige Beweglichkeit. Die einen finden neue Wurzeln. Andere fühlen sich als Nomaden wohl. Und dann gibt es jene, die etwas haben, was es in der deutschen Sprache eigentlich gar nicht gibt: Heimaten.

Der Autor hat Münster vor fünf Jahrzehnten verlassen und seither in etlichen Städten gelebt, in kleineren und größeren, in schönen und hässlichen, in gemütlichen und aufregenden. Dabei sind immer wieder neue Bindungen entstanden. Der Autor gehört also zur dritten Kategorie. Bei der Arbeit an diesem Buch hat er von Neuem gespürt, wie sehr er (trotz allen Wandels und aller Detailkritik) an dieser Stadt und ihrer Landschaft hängt. Er ist in ihren stillen und auch in ihren lauten Winkeln immer noch heimisch, ohne dass ihn Heimweh befällt. Ein gutes Gefühl.

Berlin, Februar 2013

Verwendete Literatur

Bahlmann, P[aul]: Münsterländische Märchen und Sagen, Vreden 1910

Berglar, Peter: Annette von Droste-Hülshoff in Selbstzeugnissen und Bilddokumenten, Reinbek bei Hamburg 1967

Boer, Hans-Peter: Lüninge, Münster-Hiltrup 1991

Bußmann, Klaus/König, Kaspar (Hrsg.): Skulptur Projekte in Münster 1987, Katalog zur Ausstellung des Westfälischen Landesmuseums für Kunst und Kulturgeschichte in der Stadt Münster, 14. Juni bis 4. Oktober 1987, Köln 1987

Delseit, Wolfgang: Der „tolle" Romberg – Sturz eines Mythos? In: Rainer Krewerth (Hrsg.), Jahrbuch Westfalen 1993, Münster 1992

Farwick, Christa/Riese, Adam: Das Münsterbuch. Der Stadtführer, Münster 2007

Gödden, Walter/Nölle-Hornkamp, Iris: Dichter – Stätten – Literatouren, Münster 1992

Grass, Günter: Das Treffen in Telgte, Reinbek bei Hamburg 1981

Hager, Werner: Münster in Westfalen, o. O., o. J.

Henze, Anton: Der Dom zu Münster, Recklinghausen 1960

Hövel, Ernst: Münster, Münster 1947

Isenberg, Gabriele/Rommé, Barbara (Hrsg.): 805: Liudger wird Bischof. Spuren eines Heiligen zwischen York, Rom und Münster, Mainz 2005

Jägersberg, Otto: Weihrauch und Pumpernickel. Ein westphälisches Sittenbild, Zürich 1964

Das Königreich der Täufer, Katalog zur Ausstellung. Hrsg. Stadtmuseum Münster, Münster 2000

Köyer, Clemens: Kennen Sie Münster? Vom Guten das Beste, Münster 2011

Krewerth, Rainer A.: Burgen, die im Wasser träumen, Münster 1977

Lahrkamp, Helmut: Dreißigjähriger Krieg – Westfälischer Frieden, Münster 1997

Landois, H[ermann]: Frans Essink – Sien Liäwen un Driewen äs aolt Mönsterk Kind, Teil 1: Bi Liäwtieden, Leipzig 1918

Lübbers, Wolfgang: Das Bagno in Steinfurt – Ein Garten der Goethezeit, Steinfurt 1997

Müller, Helmut: Fünf vor null – Die Besetzung des Münsterlandes 1945, Münster 1972

Münster und Westfalen zur Zeit des Westfälischen Friedens geschildert durch den päpstlichen Gesandten Fabio Chigi. Hrsg. Oberstadtdirektor der Stadt Münster, Münster 1993

Rosing, Klaus (Hrsg.): Münster in alten und neuen Reisebeschreibungen, Düsseldorf 1991

Pötter, Karlheinz: Otto Modersohn in und um Münster 1884–1889, Münster/Fischerhude 1992

Rave, Wilhelm: Westfalens Kunststätten im Untergang und Wiederaufbau, Münster 1952

Rommé, Barbara/Spinnen, Burkhard/Thier, Bernd: Denk ich an Münster, Katalog zur Ausstellung des Münsteraner Stadtmuseums über Souvenire, Münster 2002

Schulte, Aloys: Aus dem alten Münster. Erinnerungen, Skizzen und Studien, Münster 1936

Skulptur Projekte 07. Hrsg. Landesmuseum für Kunst und Kulturgeschichte, Münster 2007

Vernekohl, Wilhelm: Münster. Geschichte – Kultur – Landschaft, Münster 1958

Winckler, Josef: Der tolle Bomberg. Ein westfälischer Schelmenroman, Stuttgart 1924

Stille Winkel in Münster und im Münsterland

Adressen und Tipps

S. 24: Zwinger
Der Zwinger liegt an der Promenade im Bereich Lotharinger Straße, 48143 Münster. Informationen über das Stadtmuseum, Salzstraße 28, 48143 Münster, Tel. 0251 4924503, www.tourismus.muenster.de

S. 29: Theater Münster
Pausenfoyer
Neubrückenstraße 63, 48143 Münster. Ständig zugänglich

S. 36: St. Lamberti
Lambertikirchplatz, 48143 Münster, Tel. 0251 44893, www.st-lamberti.de. Türmer bläst täglich außer Dienstag halbstündlich von 21 bis 24 Uhr

S. 40: Friedenssaal
Prinzipalmarkt 10, 48143 Münster, Tel. 0251 4922724 (Information im historischen Rathaus), www.muenster.de. Chillida-Skulptur hinter dem Rathaus

S. 49: Domherrenfriedhof
Domplatz 28, 48143 Münster, Tel. 0251 4956700, www.paulusdom.de

S. 53: Diözesanbibliothek
Überwasserkirchplatz 2, 48143 Münster, Tel. 0251 4956380, www.dioezesanbibliothek-muenster.de

S. 56: Grabkapelle auf dem Zentralfriedhof
Zugang zum Beispiel über die Robert-Koch-Straße oder die Himmelreichallee, 48149 Münster, Tel. 0251 897215, www.zentralfriedhof-muenster.de

S. 59: Euthymia-Zentrum
Loerstraße, 48143 Münster, Tel. 0251 26554, www.clemensschwestern.de

S. 59: Clemenskirche
An der Clemenskirche, 48143 Münster

S. 61: Museum für Lackkunst
Windthorststraße 26, 48143 Münster, Tel. 0251 418510, www.museum-fuer-lackkunst.de

S. 65: Kabakov-Installation/ Skulpturen-Rundgang in Münster
Informationen erhältlich bei der Münster Information, Heinrich-Brüning-Straße 9, 48143 Münster,

Tel. 0251 4922710, oder im
Internet unter
www.tourismus.muenster.de
und unter
www.muensterland.com

S. 70: Tuckesburg
Hüfferstraße 18 a,
48149 Münster. Außenbereich ständig zugänglich

S. 75: St. Mauritz
St.-Mauritz-Freiheit,
48145 Münster,
Tel. 0251 36465,
www.sanktmauritz.de

S. 78: Haus Rüschhaus
Am Rüschhaus 81,
48161 Münster. Informationen zu Öffnungszeiten und Führungen über die Annette von Droste zu Hülshoff-Stiftung, Tel. 02534 1052,
www.burg-huelshoff.de

S. 85: Sinnespark Haus Kannen
Alexianerweg 9–11,
48163 Münster-Amelsbüren,
Tel. 02501 96620000,
www.alexianer-muenster.de.
Jederzeit zugänglich

S. 89: Werse Rad Weg
Informationen zum
Werse Rad Weg über
Münsterland e. V.,
Airportallee 1, 48268 Greven,
Tel. 02571 949392,
www.muensterland.com

S. 94: Böttchers Kunst- und Heidegarten
Lauheide 8, 48291 Telgte

S. 100/101: Wallfahrtskapelle und Clemenskirche
Kardinal-von-Galen-Platz,
48291 Telgte,
Tel. 02504 932310,
www.st-marien-telgte.de

S. 101: RELIGIO – Westfälisches Museum für religiöse Kunst
Herrenstraße 1–2,
48291 Telgte,
Tel. 02504 93120,
www.museum-telgte.de

S. 104: Burg Vischering
Berenbrock 1, 59348 Lüdinghausen, Tel. 02591 79900,
www.burg-vischering.de

S. 108: St. Martinus
Stiftsplatz, 48301 Nottuln,
Tel. 02502 9296 (Pfarrgemeinde Sankt Martin),
www.st-martin-nottuln.de

S. 114: Steinfurter Bagno
Der Park erstreckt sich zwischen den Stadtteilen Burgsteinfurt und Borghorst. Eingänge unter anderem vom Schloss Burgsteinfurt, Burgstraße 16, vom Grottenkamp, Borghorst, und vom Café-Restaurant BAGNO, Hollich 156. Ständig zugänglich

Tipps für Radfahrer

Ein dichtes Netz von Rad- und Fußwegen, hier „Pättkes" genannt, überzieht das Münsterland. Eine zentrale Radstation mit Entleih- und Parkmöglichkeiten gibt es am münsterischen Hauptbahnhof:

Radstation Münster Hbf.
Berliner Platz 27 a
48143 Münster
Tel. 0251 4840170
www.radstation.de

Vorschläge zu Radtouren in und um Münster sowie umfangreiches Kartenmaterial – zum Beispiel für die „Fahrradroute Skulpt(o)ur" – bietet die Münster Information:

Heinrich-Brüning-Straße 9
48143 Münster
Tel. 0251 4922710
www.tourismus.muenster.de
(hier findet sich auch eine Liste weiterer Fahrradverleihstationen)

Informationen, Karten und Routenvorschläge sind außerdem erhältlich über:

Münsterland e. V.
Airportallee 1
48268 Greven
Tel. 02571 949392
www.muensterland.com

Dank

Geholfen haben mir: Hartwig Homann, Stadtführer in Münster; meine Schwester Hildegard Großkopff; mein Freund und Vetter Hermann Mönnich; der Architekt Stefan Schopmeyer; Dr. Bernd Thier vom Stadtmuseum; Beate Dähnke, die das auf der alten Adler-Schreibmaschine entstandene Manuskript in einen zeitgemäßen digitalen Zustand gebracht hat; meine Frau Dagmar Reim-Großkopff als kritische Erstleserin; Katharina Unteutsch als ebenso akribische wie behutsame Lektorin.

Ihnen allen danke ich herzlich.

Stille Winkel in Münster und im Münsterland

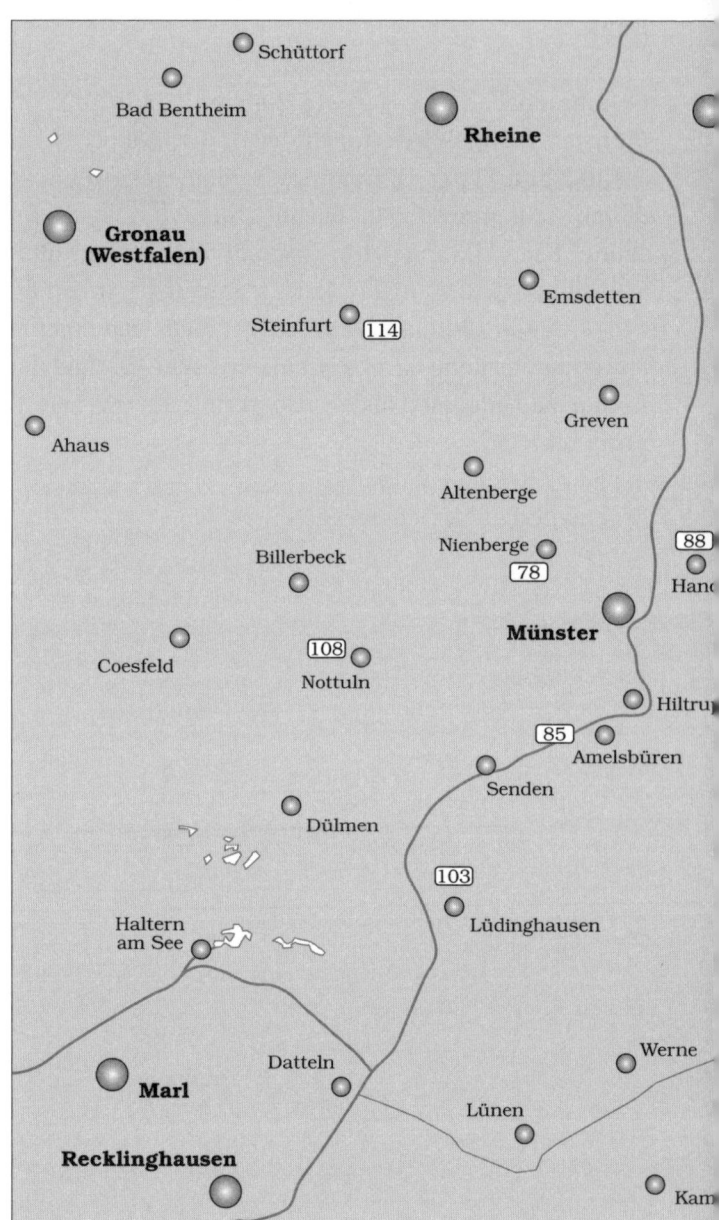

Impressum

Bibliografische Information der Deutschen Nationalbibliothek
Die Deutsche Nationalbibliothek verzeichnet diese Publikation in der Deutschen Nationalbibliografie; detaillierte bibliografische Daten sind im Internet über http://dnb.d-nb.de abrufbar.

ISBN 978-3-8319-0498-3

© Ellert & Richter Verlag GmbH, Hamburg 2013

Dieses Werk einschließlich aller seiner Teile ist urheberrechtlich geschützt. Jede Verwertung außerhalb der engen Grenzen des Urheberrechtsgesetzes ist ohne Zustimmung des Verlages unzulässig und strafbar. Dies gilt insbesondere für Vervielfältigungen, Übersetzungen, Mikroverfilmungen und die Einspeicherung und Verarbeitung in elektronischen Systemen.

Bildnachweis
Das Titelfoto zeigt die Wasserburg Hülshoff bei Havixbeck. Die Rechte des Bildes liegen bei Fotolia © Udo Kruse. Alle Bilder im Text von Rudolf Großkopff, Berlin.

Lektorat: Katharina Unteutsch, Hamburg
Gestaltung: BrücknerAping Büro für Gestaltung, Bremen
Karte: Thamm Publishing, Bosau
Lithografie: SMS Scheer Medien Service GmbH, Bremen
Gesamtherstellung: Offizin Andersen Nexö Leipzig GmbH

www.ellert-richter.de